カサンドラ症候群でつらい人のための気持ちが楽になる別れ方

カサンドラ症候群
専門カウンセラー
真行結子

彩図社

はじめに

私は、カサンドラ症候群の方々を支援する団体の代表を務めています。

カサンドラ症候群とは、パートナーの発達障害特性により、夫婦関係や家庭生活に影響が生じ、その結果、うつや不眠、不安障害などの身体的、精神的症状が出る状態を指します。夫とのコミュニケーションが難しく、心の通い合いがない。強いこだわりや衝動的な行動に振り回される。友人や医師に相談しても理解してもらえない。

そんな苦しみを抱く人々から、10年以上にわたって相談を受けてきました。その間、お話を伺ったカサンドラ及び発達障害特性のある方は、4000人以上。みなさんの肉声に耳を傾けて、さまざまな悩みに向き合ってきました。

カサンドラから回復した方々の多くは、自分の幸せのかたちを見つけています。夫の価値観を認められるようになった人もいれば、夫が夫婦間や家庭に存在する課題に向き合ってくれるようになったことで、夫婦関係が改善した人もいます。

一方で、夫婦関係を続けるのが難しいとわかって、離婚を選択した人もいます。離婚と聞くと、ネガティブな印象を抱く人もいるかもしれません。周囲の目が気になる、子どもの将来に影響しないか不安、そもそも金銭的に無理ではないか……。

その気持ちはよくわかります。私自身、カサンドラ症候群に苦しみ、離婚を考えましたが、はじめは不安や葛藤があり、なかなか気持ちが固まりませんでした。

このようななか、セルフカウンセリングを行い、自分を大切にする生き方にシフトしたことで、離婚を決断。その後、カサンドラから完全に回復することができました。

そんな経験を経た今、離婚は幸せを手にするための手段であると、強く実感しています。相談者の方々のなかにも、離婚を選択したことで気持ちが楽になり、新しい人生を歩めるようになったとおっしゃる方が、大勢いらっしゃいます。

本書に掲載したのはそんな、離婚によってカサンドラから回復した方々のエピソードです。各エピソードは架空のものですが、カウンセリングに来られた方からよく聞く話を元にして、気持ちの整理の仕方や夫への対応方法など、実用的な情報も交えて紹介しています。目次を見て、気になる項目があったら読んでいただければと思います。

本書が「幸せな暮らし」というゴールに向けて、みなさんが第一歩を踏み出す一助になると、筆者としてはうれしい限りです。

カサンドラ症候群でつらい人のための 気持ちが楽になる別れ方　目次

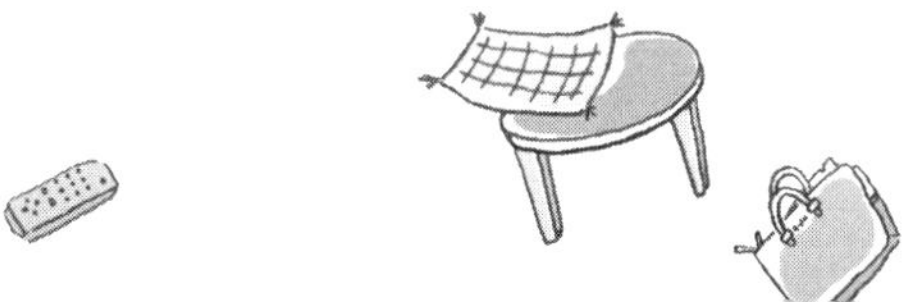

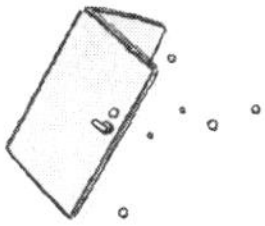

第1章

自分らしく生きるための別れ方

離婚は幸せになるための選択肢の1つ

「街を歩いていると、笑顔で会話を交わしているカップルに目が留まり、羨ましく切ない気持ちを抱いた。最後に夫と笑顔で話したのは、いつだっただろうか……」

そう語るカサンドラは少なくありません。

誰しも結婚する時には、お互いに思いやりを持ち、意思の疎通を図りながら協力し合う夫婦関係を望んでいることでしょう。ですが、カサンドラたちはそうした望みが叶わず、結婚生活で精神的、身体的な傷を受けています。

あいさつ、ありがとう、ごめんなさいを言わない。気に入らないことがあると不機嫌になる、激高する、無視をする、物に当たる。つらいことや悲しいことがあった時、受け止めてくれない。自分の価値観を強要する。必要な額の生活費を渡さない……。夫との間に心の通い合いや絆、積み上げてきたものを感じられないと、彼女たちはため息をつきます。

そんな悩みを持つ方々のお話に、私は10年以上耳を傾けてきました。なかには関係を改善した夫婦や、別居を機に気持ちを落ち着かせたカサンドラもいますが、離婚をして幸せになったカサンドラも大勢見てきました。

離婚と聞くと、ネガティブな印象を抱く人もいるでしょう。周囲の目が気になったり、子どもに悪影響があるのではと心配になったり、そもそも夫が許さないのではないかと不安を抱く人もいるかもしれません。

だけど私は、離れるという選択も前向きに考えていいと考えています。あなたが結婚生活に求めていたものはなんでしょうか？　それは今の生活で実現しているでしょうか？　もし実現していないのなら、結婚生活を続けることと離婚すること、どちらが幸せに近づけるかを、まずは考えてみてはいかがでしょうか。

離婚を考えてもいい夫婦の特徴

健全な家庭と自分の家庭を比べてみる

離婚をするか悩んでいる方はまず、健全な家庭とご自身の家庭を比べることをお勧めします。

結婚とは、長い人生をチーム員としてともに歩むと覚悟することです。子どもが生まれれば、その子どももチーム員です。健全な家庭なら、チーム員全員が感情や意見を自由に表現することができ、話し合いによって物事を決められるはずです。また、人格やプライバシーが尊重された安らぎの場、つまりは心と身体の安全基地だと言ってもいいでしょう。

一方で、夫婦関係に緊張感、恐怖、否定、支配従属関係、虚しさがある場合、健全な家庭とは言えません。妻は心からくつろぐことはできませんし、段々と自分らしさを失っていくようになります。子どもが課題を抱えるケースも少なくありません。

もちろん、すっきりしない気持ちを抱えていても、周囲から「我慢が大事」「子どもがかわいそう」などと言われ、踏みとどまっている人もいます。夫の反応が恐くて、離婚に踏み切れない人もいます。

ですが、周囲（夫も含め）はあなたの人生に責任を取ってはくれません。幸せをもたらす可能性が低い家庭——傷つく、心の通い合いや絆がない、幸せな未来を築けない——から離れることは、悪いことでも何かに負けることでもありません。自分や子どもを守るための賢明かつポジティブな選択なのです。

残念ながら、女性は「家」のため、「夫」のため、「子ども」のために自分を犠牲にして耐え尽くすことが美徳だという価値観・慣例はまだまだ健在です。ＤＶ・モラハラの背景にもそうした旧時代的な空気が影響していると考えられます。

ですが日本国憲法第24条では、家族関係における男女平等を定めています。一方的な自己犠牲や支配に対して「ノー」と言っていいですし、心身の暴力を受けたのなら、家

族関係を解消してもいいのです。自分の人生の歩み方は自分で決める。それが幸せを手にする確実な方法です。

離婚チェックリストで気持ちを整理

もちろん、結婚と離婚、どちらが幸せなのかは、簡単に判断がつかない問題です。生活環境ががらりと変わる可能性もあります。迷うのは当然でしょう。

しかし、迷う期間が長くなるにつれ、状況が悪化するケースも多くあります。

人生の時間には限りがあります。人生において少しでも多くの幸せな時間を手にするために、迷う段階から一歩進み、今の状況を冷静に見つめ、気持ちを整理し、決断することが大切です。

そこで次ページに、「離婚チェックリスト」をまとめました。ご自身の状況や気持ちに向き合い、結婚生活を続けるのか否かを見極めるために、活用してみてください。当てはまる項目が多い、今の生活はつらいという方には、続く項目を読んでいただければと思います。

◎離婚チェックリスト

チェック	項目	点数
□	ＤＶ・モラハラがある（ＤＶチェックリスト参照→p45）	5
□	夫から子どもへの虐待がある	5
□	夫に対し子どもが怯えている	3
□	夫婦関係のストレスから子どもに対し苛立ったかかわりをしてしまう	1
□	夫が依存症（※）で家族を巻き込むが本人は受診や治療を拒否	4
□	夫が借金を繰り返す	4
□	夫が家計を管理し、収支や財産（預貯金等）を共有してくれない	3
□	夫婦管理の通帳や印鑑がいつもの保管場所からなくなっている	3
□	夫が何でも勝手に決めてしまう	3
□	夫が不貞行為を行っている（行った）ことが許せない	5
□	夫から精神的・感情的サポートがない	1
□	夫と一緒だと息が詰まる、気持ちが暗くなる、動悸がする、気持ちが不安定になる	1
□	夫との明るい未来が想像できない	1
□	夫の身体に触れるのが嫌、夫から触れられるのが嫌	1
□	夫の勤務先を知らない	3
□	夫に介護されたくない	1
□	夫の介護をしたくない	1
□	将来の生活を話し合う見通しが立てられず不安を感じる	3
□	今の夫に出会ったら愛せないと感じる	1
□	今の夫に出会ったら結婚したいと思わない	1
□	夫に言いたいことがあっても我慢することが多い	3
□	夫を尊敬できない	2
□	夫を信頼できない	3
□	夫と結婚を続けるメリットより、デメリットが上回っている	2
□	新たなパートナーと出会いたいと願う気持ちがある	5
合計	5点以上⇒離婚を決断してもいいかもしれません	

※たとえば、スマホ、ゲーム、アルコール、ギャンブル等の依存症

離婚は幸せになるための手段

幸せになるための3つのポイント

まず意識していただきたいのは、「離婚は幸せになるための手段」だということです。やみくもに離婚をするのではなく、幸せになるためにはどうすればいいのかを、事前に考えておくことが大事です。そのためのポイントが、3つあります。

①離婚後の生活に幸せなイメージを持つ
②自分軸を持ち自己決定する
③計画的に進める

「①離婚後の生活に幸せなイメージを持つ」から見ていきましょう。

今の環境から逃れるために離婚したい、という気持ちはよくわかりますが、気持ちだけで離婚することはお勧めできません。何を求めて離婚するのか、離婚後にどうやって生計を立てるのかなど、離婚後の生活をイメージすることが大事です。

続いて、「②自分軸を持ち自己決定する」について。幸せな生活をイメージできたら、自分の意思で自らの方向性を決定しましょう。

離婚は長期戦になる可能性もありますから、自己決定ができていないと、精神的な負担が大きくなりがちです。周囲に諭されて離婚を決めたり、迷いがある状態で事を進めると、不安や困難に直面した時、くじけてしまうかもしれません。

誰かに言われたから、誰かのためだからと考えるのではなく、自分の幸せのために離婚を決めているかどうか。過去を振り返るのは苦しいことですが、その体験を糧にすることはきっと、今後を生き抜く力にもなるはずです。

最後の「③計画的に進める」は、地味で地道な作業ですが、非常に重要です。

たとえば、離婚までの段取りや離婚後の住まい、家計、仕事について、シミュレーションする。離婚のタイミング、条件を決める。夫にどう伝えるかを考えたり、夫の返答を予想して対応を考えたりする。お子さんがいる場合、お子さんへの伝え方や親権についても、検討する必要もあります。

そのためにまずは、情報収集が大事です。思いどおりにいかず、焦ってしまうかもしれませんが、少しずつでも進んでいれば、幸せな生活はきっと手に入ります。離婚の先にあるものを見据えて、しっかりと準備を進めていきましょう。

ひとりで抱えない

迷い悩む時間が長くなると、ますます迷宮に入ってしまい身動きが取れなくなることがあります。ひとりで抱えず、信頼できる第三者に相談することをお勧めします。

意見を押し付けてきたり、結論を急がせたり、選択を強要する人は避けましょう。

悩みの種類に応じて、自治体の相談窓口、カウンセラーや弁護士などの専門家を活用することも有効です。先に挙げた3つのポイントを実現する上でも、相談相手は頼もしい存在です。2章以降ではそうした窓口や専門家の活用法も、ご紹介していきます。

離婚を考えたがしなかった夫婦

悩んだ結果、離婚をしないという選択をする方もいます。あなたが思い描く家庭の幸せ、ご自分の幸せが実現できれば、離婚をしないのも正しい選択です。2つのケースをご紹介しましょう。

ケース1

妻Aさん：50代後半、専業主婦　夫：60代前半、会社員　子：成人し独立

Aさんの夫は何事にも受け身です。しかし、自分が興味を持っていることについては積極的で饒舌に語ります。ただし、情緒的な会話はできず、出産後はセックスレス。夫

と気持ちが通い合う感覚が持てず寂しい思いはありますが、離婚後の経済面を考え、Ａさんは離婚をしない選択をしました。

家庭運営はＡさんが主導しています。

夫はＡさんが具体的にお願いしたことについては嫌な顔をせず行いますし、穏やかで常識的です。収入はすべてＡさんに渡し、Ａさんの行動（外出、趣味、交友関係等）を制限することもしません。子どもたちとも良い関係です。

Ａさんと夫は、食事の時以外はおおむねそれぞれの部屋で過ごしており、ふたりで外出することはほぼありません。

Ａさんは、旅行、趣味、スポーツジム、友人たちとの交流で、情緒的な満足や充実感を得ており、十分な収入がありお金の使い方や行動を制限しない夫に感謝しています。

子どもが独立した直後は離婚を考えましたが、持ち家の住居は住みやすいですし、離婚をすると今までと同じように旅行などを楽しむことが、経済的に難しくなります。また、かつては家庭運営をひとりで担っていたことに不満を感じていましたが、今は自分の思うようにできます。こうした状況をメリットに感じ、このまま夫と婚姻関係を継続することにしました。

ケース2

妻Bさん：40代半ば、会社員　夫：40代半ば、会社員　子：小学生、中学生

Bさんが忙しそうにしていても、具合が悪くても、我関せずの様子でテレビを観て笑っていたり、読書をしていたりする夫。Bさんが訴えれば、ハッとし「何をすればいいの？」と答えます。

いちいち頼むよりも自分がやったほうが早いと、ほとんどの家事と育児を担っているBさんは、夫と同じくフルタイムで働いていることもあり、家事分担の不均衡に不満を

感じています。

夫は休日になると子どもを連れて遊びに出かけ、子どもたちは父親のことが大好きです。その点はありがたいと思うのですが、夫に相談事を持ちかけても「仕事で疲れている」「眠い」と、まともに話を聞いてくれないことが多く、たまに聞いてくれたとしてもすぐに解決策を言ってきて、悩んでいる気持ちに寄り添ってくれません。満たされなさを常に感じているBさんは、徐々に夫に対する口調や態度がきつくなっていき、夫も言い返すようになってきたため、日々喧嘩が絶えません。

このような状況に夫婦でいる意味を感じなくなってきたBさんは、離婚を考えるようになりましたが、その前に関係修復の可能性を探ってみようと、夫に提案し夫婦カウンセリングを受けることにしました。

夫婦カウンセリングでは、Bさんも夫も気持ちや要望を冷静に話すことができ、カウンセラーの関わりのもと、次のような「約束事」を決め取り組んでいます。

・その場の状況に気づきにくく適した行動を取れないことの多い夫に対し、妻はお願いしたいことを具体的に伝える。夫は、何をしたらよいか声がけをする

・家事育児は、子どもを含めた役割分担を決め可視化する
・共稼ぎで忙しいため、必要に応じ家事サービスを活用し、負担を軽減する
・夫の疲れやすさについては、働き方や体調管理の工夫をする
・定期的に夫婦の時間を持つことを決め、夫は解決策を言う前に妻の話に耳を傾ける
・感謝の気持ちを伝え合う

夫婦カウンセリングを受けたことで、今まで妻に家事の負担が大きくかかっていたことへの無自覚と自分優先で妻に接していたことに気づいた夫は「本当に申し訳なかった」と

Bさんに頭を下げました。

またBさんも、夫の苦手分野に対し過度の要求をしていたことに気づきました。夫がまず解決策を言っていたのは「妻が悩む時間を少しでも減らしたかった」という優しさであると知ります。そして何より、夫が夫婦間にある課題に向き合ってくれたことが嬉しく、夫に対する愛情が蘇ってくるような感覚を覚えました。

危機を乗り越え絆が深まったと感じたBさんは、これからも夫婦を続けてみようと決めたのでした。

発達障害特性を持つ夫との幸せな結婚

以上のケースからわかるとおり、発達障害特性を持つ夫と結婚したすべての妻がカサンドラ症候群に陥るわけではありません。

特性による言動の種類、強さ、頻度により、負担感は変わってきますが、鍵となるのは妻と夫双方が「ふたりは違う世界に生きている」ことを前提にし、それぞれの世界を否定せず理解し認めた上で、折り合いをつけながら心地良い関係をつくろうと努力する姿勢です。

また、夫婦のみの閉ざされた世界にいるのではなく、友人、支援機関、専門家などの他者とのつながりも重要です。

お互いへの愛情と他者を頼る力を持ち、幸せな関係を築いているカップルは多く存在します。

離婚も結婚も、大きなライフイベントであり、人生の幸福度に大きく影響します。安易に決断するのではなく、人生の優先順位を明確にし、自分が大切にしているものを奪われることなく生きられるかを真剣に考え、結論を出しましょう。

幸せな未来をイメージできる離婚をしましょう

16ページでお伝えしたとおり、「今の苦しい状況から一刻も早く逃れたい」という気持ちだけで、離婚することはお勧めできません（DVや子どもへの虐待があるケースを除く）。

人生という航海で幸せを手にするために、離婚をしましょう。離婚後の暮らしをイメージした時、今よりも幸せなあなたがいますか？　あなたがあなたらしく生きています

か？

航海には海図が欠かせません。離婚までの段取りや、離婚後の生活設計（家計、住居、仕事等）をシミュレーションすることも必要です。

本来、自分の人生の舵を取るのは自分です。周囲に勧められたり誰かのためだと思ったりして離婚を決めると、スムーズに事が進まなかった時に問題が起きかねません。他責的になり、新たなストレスやトラブルを抱えたり、離婚後の後悔につながることがあります。自分の意志で自らの方向性を決めることは必須条件です。

あなたの人生の舵を取るのは「あなた」です。しっかりとした幸せに向けて海図を手にし、出発しましょう。

次章以降の構成

第2〜6章からは、不安や葛藤を経て、人生の海図を手に入れ、新たな航海に出発したカサンドラたちのストーリーを紹介していきます。その後に第7章で、手続きや費用、専門家の選び方、支援機関など、離婚を進めるために役立つ情報をお伝えします。

各ストーリーは、「具体例」「課題を可視化」「対策」の3パートに分かれています。「具体例」には、カサンドラたちがパートナーと出会ってから私の元へと相談にいらっしゃるまでの経緯を記しています。彼女たちが抱える悩みが、このパートでわかります。「課題を可視化」では、カサンドラの苦しみ＝課題が何かを解説します。彼女たちが陥っている精神的・肉体的な問題の正体を、ここで明らかにします。

そして「対策」で、彼女たちがどのようにして問題を解決し、カサンドラ症候群から回復したかを紹介します。気持ちの整え方や夫への伝え方、調停の経過なども書いています。

ご紹介するストーリーは計8つ。きっとあなたにも当てはまるストーリーがあると思います。それぞれのストーリーが、あなたの夫婦関係に光を見出す、もしくは新しい人生に進んでいくヒントになることを願っています。

コラム① 夫婦カウンセリングのすすめ

離婚が頭をよぎる時、「果たして夫婦関係修復の可能性はないのか」「離婚を決める前にできることはないのか」と多くの方が思います。

そんな方には、夫婦カウンセリングの活用をお勧めします。


夫婦関係に悩んでいる当事者は、自分たちの状況を客観的に捉えにくくなっています。話し合いをしたとしても感情的になり、ともすると問題の本質ではなく、相手の言い方や態度が気に入らないなどの理由で口論になり、収拾がつかなくなることもあります。

しかし夫婦カウンセリングでは、カウンセラーという中立的な第三者が介入し、専門家として現状分析及び改善のアドバイスをしてくれるので、夫婦それぞれが冷静に自分の気持ちや考えを話しやすくなります。話し合いの結果、お互いが夫婦間にある課題に向き合い、解決に向けて努力できることがわかれば、婚姻関係を継続することができるかもしれません。

夫婦カウンセリングを受けたことにより、夫婦関係再構築にトライするご夫婦もいますし、「やるべきことはやったが、やはり関係修復は無理」と気持ちに踏ん切りがつき、離婚を決意する方もいます。

カウンセラーを選ぶ際は、カサンドラ症候群についての知見があるカウンセラーを選ぶと安心です。そうすれば、一般的な夫婦関係改善のアドバイスのせいで関係が余計にこじれた、という事態を防ぐことができます。

なお、夫婦カウンセリングに類似のものとして、家庭裁判所の「夫婦関係調整調停（円満）」があります。

費用が１２００円と廉価なのは魅力です。ただし、調停委員は発達障害やカサンドラ症候群の専門家ではありませんし、担当する調停委員を選ぶことはできません。また、実施されるのは平日の昼間で、原則夫婦同席でもありません。これらをデメリットと感じる方も多いようです。

第2章

DV・モラハラ夫との別れ方

【悩み①】自尊心低下

働くことを禁止され、交友関係も制限されてつらい

《本項目の内容》

この項目のテーマは、自尊心の低下です。ＤＶパートナーによる長年のコントロールや暴力からどのように抜け出し、離婚を決意し、離婚するに至ったかをご説明します。高圧的なパートナーとの関係で悩んでいる方は、ぜひお読みください。

具体例

家族に祝福された結婚

50代後半の専業主婦のCさんが、「この先の老後を夫と荒波立てずに過ごしていくにはどうしたらいいでしょうか」と相談にお見えになりました。

誰もが知る有名企業の取締役を夫に持つCさんは、白髪が交じった艶のない髪を後ろで1つに結び、清潔ではありますがかなり着古した服を身に着け、化粧っ気がない顔でしばらく沈黙したあと、「他人に相談するのは初めてなのです」と呟きました。

裕福な家に育ち、幼い頃から、「結婚とは夫の家に入ること。嫁となり夫と夫の家族を裏で支えること」と両親から教えられて育ったCさん。短期大学卒業後、両親の指示でご本人曰く「腰掛け」で就職し、20代前半でお見合い結婚をしました。

相手の男性はCさんより5歳年上、名だたる企業に勤務。父親は議員を務め、親戚には官僚や医師もいる見合い相手に、「申し分ない相手だ」と強く結婚を望んだのは、両親でした。

お見合いの席での彼の真面目さは好印象で、結婚を前提にお付き合いをすることになりました。

デートは毎回同じ高級レストラン。毎回予約を取り、食事代も支払う彼に、「愛されているのだな」と嬉しく感じたCさんでした。

Cさんが1度だけ、急遽残業になってしまい、約束の時間に5分遅れた時、理由を説明して謝ったのですが、苛立ちながら「結婚したら仕事は辞めてもらいます」と言い、終始不機嫌な彼に困惑したことがありました。しかし、「私との時間がほんの5分でも減ってしまったことが寂しいのだ」と胸がキュンとなり彼を愛おしく感じたCさん。

月に2度ほどレストランでデートをして2カ月経った頃、両親の強い勧めもあり、両家合意のもと、お見合いから1年後に結婚となりました。

結婚を機に夫の希望で仕事を辞め専業主婦となったCさんは、「主人のために美味しいお料理を作り、家をピカピカに掃除して、居心地の良い家庭をつくり主人に尽くそう。子どもは2人かしら……」と結婚生活に甘い夢を描いていました。

心の通わない結婚生活

新婚生活がスタートすると、Cさんは夫が自らあいさつをしないことに気づきました。

そこで、Cさんから「おはようございます」「いってらっしゃい」などと声をかけるのですが、無反応です。「いただきます」もありませんし、Cさんが心を込めて作った手の込んだ料理も無表情で黙々と食べます。「お口に合いませんか？」と尋ねると、「全部食べてやったのに嫌味を言うのか？」と言われ、自分の料理の腕がまだまだなのだと落ち込むCさんなのでした。

夫は高給取りのはずですが、収入を明かさ

ず、「食費と消耗品はこれで買うように」と、決して多いとは言えない生活費だけを毎月１日にCさんに渡します。

「つけるように」と言われた家計簿は毎月１日に細かくチェックされ、ある時、Cさんの美容院代や洋服代の支出を見つけた夫は「俺が汗水たらして稼いだお金を無駄遣いしやがって！　働いてもいないのにめかしこむ必要はない！　髪くらい自分で切れ！　服だって今あるもので十分だ！」と怒鳴りその分を差し引いた生活費をCさんに渡すのでした。結婚前の夫からは想像できない乱暴な言葉遣いに驚きましたが、夫の言うことにも一理あると感じ、それ以降は、美容院も服の購入も最小限度にとどめ、結婚前に貯めた僅かな貯金から自分で支払うことにしました。

夫の実家からは、「子どもはまだなの？」とせかされていることもあってか、夫は夜になるとベッドのなかでCさんを抱くのですが、味気ないセックスに満たされない思いを抱えていました。しかし、「跡取りを生むことが嫁の務め」と言い聞かせ、この時ばかりは、普段ほぼ会話のない夫と夫婦であることの実感を持てる、唯一とも言えるひと時を味わっていたのでした。

ほどなくして、Cさんは妊娠。義父母は大いに喜びました。

Cさんは悪阻が重く今までのように家事ができません。夫は労わるどころか「家事はお前の仕事だろう」「俺の会社には働きながら出産している女性もいるのにお前は呆れた怠け者だな」と言い放つのでした。

実家の母親からも、「旦那様の言うとおり。動いていたほうが立派な赤ちゃんが生まれるから頑張りなさい」と言われたため、今までどおりに家事をこなすよう必死で頑張ったのでした。

流産した妻に放った心ない言葉

そんな頃、夫の祖父が亡くなり、手伝いに来るようにと義母から連絡がありました。悪阻で苦しい日々でしたが、夫から「粗相のないように」と言われたこともあり、一生懸命に立ちどおしで弔問客の応対を続けたのでした。途中、お腹に痛みを感じ、出血もしていたため不安がよぎりましたが、中座させてくれとは言い出せない雰囲気でしたので、葬儀が無事終わった日の夕方、慌ててひとりで産婦人科を受診したところ、流産が判明。

具体例
課題を可視化
対策

「障害児だから流産したのよ。次は健康な子を妊娠してね」との義母からの言葉に傷つきさらに悲しみを深くしたCさんに、夫は蔑むような表情で、「自己管理ができない駄目な嫁だな」と吐き捨てるように言うのでした。

流産後、気持ちが晴れないCさんは、短期大学時代の仲の良い友人たちに声をかけ、平日の午後自宅に招きました。友人たちの流産への労わりと気兼ねないおしゃべりに心が晴れてきたCさんは嬉しくて、夜帰宅した夫にそのことを伝えると「ここは俺の家なのに許可なく他人を入れたのか！」「俺が一生懸命働いている時にお前は遊んでいたのか！」と怒鳴られてしまいました。それからは、友人たちと会うことに罪悪感を覚えるようになり、誘うことはせず、誘われても断るようになりました。

暴力におびえる日々

夫と夫の実家以外の人と会うことも、流産以降妊娠することもなく、家事をし、心通わぬ夫との暮らしが10年ほど続いた頃、夫に従順だったCさんの心に「今の私は鳥籠のなかの家政婦のよう。このままでいたくない」という気持ちが芽生え、夫に対してうっすらとした反発心を感じるようになったのです。

ある日Cさんは夫に、子どももおらず日中時間を持て余すこともあるため、短時間のパートでいいので働きに出たいと相談したところ、「俺の給料の額に不満があるのか！」と取り付く島もありません。しかし、この際と思い、給料の額も教えてもらえず、会話と言えば連絡事項のみ、一緒に出かけることもなく、これではまるで私は家政婦のよう、と訴えたところ、夫は恐ろしい形相で怒鳴り散らします。

「俺が稼いだ給料なのにお前に教える義務などない！　お前との会話はまったく楽しくないんだよ！　子どもも生めない能なし女！　昔だったら離縁されて当然だ。家に置いてやってることに感謝しろ！」

ショックを受けたCさんは「ひどい！」と言い返しますが、夫は追い打ちをかけます。彼女の髪の毛を鷲づかみにして振り回し、頭を壁に打ち付けたのです。壁に取り付けてあったフックにCさんの額が傷つき、血が流れました。

夫はCさんを一瞥し「俺を怒らせるようなことをするお前が悪いんだよ！」と吐き捨てるように言い、外出してしまいました。

恐怖でパニックになったCさんは、実家の母親に電話をし状況を伝え「もう無理。離婚したい」と泣きながら訴えましたが、「結婚とはそういうものよ。我慢しなさい。離婚なんて世間体が悪い。一度家を出た娘の戻る場所はない」の一点張り。

翌日、傷口が痛み額は紫色になっていたため病院を受診したCさん。医師は「もしかして旦那さんに殴られたのでは？　診断書を書きましょうか」と優しく声をかけてくれましたが、Cさんの口から咄嗟に出た言葉は「違います。自分で転んで地面に額をぶつけたのです」でした。

「頭を壁に打ち付けられたと他人に言ったことが主人に知られたら、今度は何をされるかわからない」

「打ち付けられるようなことをした私が悪いのだ」

という恐怖心と自責感がCさんの心を支配していました。その時点で、ドメスティック・バイオレンス（DV）という言葉をまだ知らないCさんでした。

夏の日にクーラーをつけると「もったいない！　俺の稼いだ金を湯水のように使うのか！」と怒鳴られたので、暑くてもつけずに我慢していると「こんな暑いのにクーラーをつけることもできないなんて馬鹿な女だ！」と言われてしまいます。次からは「今日はどうしましょうか？」と聞くと「そんなことも判断できないのか！」と怒られる。

日用品の買い物であっても外出には夫の許可が必要で、約束した帰宅時刻を数分過ぎた時は、玄関のチェーンをロックされてしまい、翌朝までマンションのロビーで過ごしたこともありました。

事あるごとに「俺が稼いだ金で生活させてやってるんだ。お前は、三つ指をついてニコニコしていろ」「化粧っ気もなく女の魅力ゼロ。浮気されてもしかたない」「全部お前が悪い」と言われる。

気に入らないことがあると、理由を説明することなく、無視をしたり、ため息をつきゴミ箱をひっくりかえしたり、ソファを蹴ったりもします。椅子を持ち上げCさんの目の前直前で止まるよう振り下ろすこともあり、そんな時は、以前、壁に頭を打ち付けられた時の場面が思い出され、動悸と胸が締め付けられるような苦しさに襲われます。

唯一の楽しみまで奪う夫

Cさんは夫の機嫌を損なわないよう常にビクビクするようになりました。気持ちは重く、不眠にも悩まされ、心療内科から処方された薬を手放せなくなりました。子宮がんも経験し、その際に夫には「金食い虫が！」と言われました。

唯一の楽しみはガーデニング。マンションのベランダの隅にこっそり置いたプランターに咲く花々にひと時の安らぎを覚えるのでした。しかし、何の気まぐれか、今までベランダに出たことのない夫が、外の景色を見たいと言い出しプランターを発見、「俺の庭に勝手に植えやがって！」と言い、咲いていた花をすべて抜いてしまったのです。

Cさんは唖然とし自分のなかで何かが崩れていく感覚に陥り、何も言えずその場に立ち尽くしていました。

翌日、Cさんが新聞を開くと、「カサンドラ症候群」という聞いたことのない単語に目が留まりました。記事には「発達障害特性により共感性のないパートナーとの関係に悩み、心身に不調が生じること」と説明がありました。「どうして主人はこんなにも私の気持ちをわかってくれないのだろう」とかねてより感じていたCさんは、「夫は発達障害で私はカサンドラ症候群なのかもしれない」「ガーデニングもできなくなり、この先何を楽しみに生きていけばいいのか」との思いがぐるぐると頭のなかに回り、誰かに相談したいと、私のカウンセリングルームにお見えになったのでした。

課題を可視化

DVの被害に遭っている自覚がない

堰《せき》を切ったかのようにこれまでのことを語ったCさん。

彼女が一息ついたところを見計らって「今まで長い間つらかったですね……Cさんが受けてきたのはまぎれもなくDVですよ」と伝えましたが、CさんにDVの自覚はありません。

「主人は生活費として毎月決まった額を渡してくれます。私が働かず雨露しのげる家に住んでいられるのも、食べるものに困らないのも、がんの治療を受けることができたのも、主人のおかげです」

夫の理不尽な怒りについても、「私が至らないので主人を怒らせてしまうのです」と自分の責任であるかのように言います。「暴力は許されることではないですよ」と言っても、「けがをさせられたのは一度きりです」と夫を庇い、自分に非があるのだと申し訳なさそうに話すのです。

ＤＶ被害者には、暴力を受けている自覚がない方も少なくありません。

ＤＶに対する知識が欠如した人もいますし、Ｃさんのように加害者を庇い「私の努力が足りない」と自分を責める人もいます。自分を責めるのはＤＶ加害者から、第三者の目が届かない状況下でコントロールされることが原因です。ＤＶ加害者から働くことを禁止されたり、交友関係を制限されたりしたせいで、自分の置かれた状況を客観的に見ることができない精神状態に陥っているのです。

自尊感情、自己肯定感の低下

「長い間専業主婦で何のとりえもありませんし、体調も思わしくないし、この年で離婚して外で働く自信はありません。それに、実家の両親や主人の両親、世間の手前、とてもじゃありませんが離婚は難しいです。気難しい主人との生活は緊張の連続で苦しさを感じますが、主人といれば生きていくには困らないので、私さえ我慢して努力すればすべて丸く収まると思います。私は、ひとりで生きていく自信はありません……」

「主人には申し訳ないのですが……わがままかもしれませんがベランダでガーデニングがしたいだけなのです」とCさんは元気なく呟くのでした。


「お前が悪い」「馬鹿な女だ」などの人格を否定される言葉を言われ続けていると、「私は最低の人間だ。だから怒鳴られてもしかたがない」と思い込んでしまい、自尊感情や自己肯定感が著しく低下するという状況を引き起こします。

周囲の理解や支援を得られない場合、しかもCさんのように「我慢しなさい。離婚は思いとどまるように」と説得されてしまうと、「やはり自分の努力が足りないのだ」との思い込みを強くし、ますます、自尊感情などが低下します。

多くのDV被害者は、否定的な言葉や無視などの精神的暴力、身体的暴力が繰り返されたことによってストレスが溜まっています。そのせいで健康を害し、正常な判断を下すことが難しくなり、本来持っている力が削がれて「逃げる」「別れる」という前向きな行動を取れなくなっている人もいます。

具体例
課題を可視化
対策

対策

Cさんと夫の間で起きていることを確認

まずは、CさんにDVチェックリスト（次ページ参照）をお渡しし、夫との間で起きていることを確認していきました。

自分に該当する項目がいくつもあることに、Cさんは驚いていました。

DVとは、夫婦やパートナーなどの親しい間柄で起こる暴力のことで、相手を自分の思いどおりに支配し続けるために、けがをさせる、責める、無視する、孤立させる、怖がらせる、強制する、感情を傷つけるなどの、身体的、精神的、性的暴力を指します。

「私が受けてきたのはDVなのだということは、なんとなく頭では理解できました」と言うCさん。しかし、「主人だけが悪いのではなく、私が駄目な嫁だから……」と自分を責めます。

もちろん、Cさんは駄目な人間ではありません。夫に否定され続けて自尊感情心が低

◎DVチェックリスト

チェック	項目
	【身体的なもの】
□	平手でうつ
□	足でける
□	身体を傷つける可能性のある物でなぐる
□	げんこつでなぐる
□	刃物などの凶器をからだにつきつける
□	髪をひっぱる
□	首をしめる
□	腕をねじる
□	引きずりまわす
□	物をなげつける
	【精神的なもの】
□	大声でどなる
□	「誰のおかげで生活できるんだ」「かいしょうなし」などと言う
□	実家や友人とつきあうのを制限したり、 電話や手紙を細かくチェックしたりする
□	何を言っても無視して口をきかない
□	人の前でバカにしたり、命令するような口調でものを言ったりする
□	大切にしているものをこわしたり、捨てたりする
□	生活費を渡さない
□	外で働くなと言ったり、仕事を辞めさせたりする
□	子どもに危害を加えるといっておどす
□	なぐるそぶりや、物をなげつけるふりをして、おどかす
	※生活費を渡さない、もしくは仕事を制限するといった行為は、 「経済的なもの」と分類される場合もあります。
	【性的なもの】
□	見たくないのにポルノビデオやポルノ雑誌をみせる
□	いやがっているのに性行為を強要する
□	中絶を強要する
□	避妊に協力しない

（内閣府男女共同参画局サイトより）

具体例
課題を可視化
対策

下し、自分は駄目な人間だと思い込まされているだけです。

いかなる理由があっても暴力は許されません。まずはCさんが「自分はDVを受けている状況にある」という視点を持つことが大事です。自分が悪いと思ったり、しかたないと諦めていては、悩みは解消しません。

はじめは途方に暮れた目で私を見つめるCさんでしたが、一緒にリラックスできる暮らしのかたちを考えてみませんかと提案したところ、同意してくれました。

Cさんには次のカウンセリングまでに、リラックスできる暮らしをイメージしてきてもらうことになりました。

気持ちに整理をつけたCさん

２回目のカウンセリングにお見えになったCさんは、「初めて自分のことを人に話し、つらかったですねと言ってもらえて……。苦しいとかつらいとか感じてもよかったんだと気持ちが少し楽になりました」と涙ぐみました。

前回のカウンセリングでは、「ベランダでガーデニングがしたいだけなのです」とおっしゃっていましたが、それだけではリラックスできる暮らしは得られないと感じたCさん。いくつか思いついたのですが……と前置きして、次の点を挙げました。

・夫に無視や暴言、椅子を振り下ろすなどの行為をやめてもらいたい
・夫に笑顔で優しく接してもらいたい
・夫と楽しく雑談をしたい
・夫に収入や預金額を教えてもらい老後について一緒に考えたい

実現するには、夫と話し合い、夫が同意しなければ難しい問題ばかりです。しかし、そもそも相手が話し合いに応じる可能性は、極めて低いのが現状です。

Cさんもその点を懸念されていました。主人が恐いので、とてもじゃないけど言えません、と。何か工夫はできないかと聞かれましたが、おそらくCさんの夫は、何をしてもCさんを否定します。夫と暮らす限り、リラックスした暮らしは難しいように感じました。

「主人が泊まりの出張の夜だけは熟睡できるんです。お金の心配と、実家や主人の両親、

具体例
課題を可視化
対策

世間の目がなければ、ひとりでのんびり暮らして気兼ねなくガーデニングがしたい……」

その後もCさんは、カウンセリングでつらい思いや考えを語ってくれました。誰かに寄り添われて肯定されていると感じたことで、次第に自分の環境を考える余裕が生まれてきたようです。夫の不機嫌は自分のせいではないこと、夫の行為は非人道的であること、自分は夫の行為によって傷ついていることを、徐々に意識するようになりました。お勧めしたDVに関する書籍も状況を客観視することに役立ったとおっしゃっていました。

次のステップとして、「主人」と呼ばずに

「夫」と呼ぶことを提案してみました。主人という言い方・価値観は、主従関係を表しています。言葉の意味を深く考えずに使っている方も多いと思いますが、夫の支配に苦しむCさんが使うには、適していません。Cさんも理由を聞いて、前向きな反応を見せてくれました。

ある日、Cさんから「今までは無理だと思っていた離婚について、少し考えてみたい」と言われました。

「何十年もの体調の悪さも、がんになったのも、〝夫〟からの強いストレスが原因だと思います。私は夫のサンドバックのまま人生を終えたくないんです」

「主人」ではなく、「夫」と呼ぶようになったCさん。夫の支配から脱却する道を歩み出したようです。離婚について一緒にシミュレーションしていきましょうと提案すると、しっかりと頷きました。

夫の財産・収入を確認して経済面を対策

まず、「離婚した場合、経済面で問題はないか」という点から見ていきました。

離婚後の生活、住居、就労計画を考えるにあたって、離婚の際の財産分与がどの程度なのかは重要な判断材料となります。

Ｃさんの場合、夫が収入や財産を開示しないため、財産分与の額の試算が困難でした。

今までも掃除をするために夫の部屋には入っていたＣさんですが、夫の「物は触るな！」という指示を守り続けていました。しかし、Ｃさんは着実に「自分」というものを取り戻してきたようです。私が夫の部屋を探すようにお伝えしたところ、早速、何冊かの通帳、投資信託運用レポート、生命保険証書、金の買い付けレポートなどを発見、すべて写真に収めました。

「自宅のローンはすでに返済済み」とだけは夫から聞かされていたことを踏まえ、不動産会社に家の査定を依頼しました。

年金分割のための情報提供請求書を年金事務所へ提出し、「年金分割情報通知書」により受給できる年金額も把握しました（１５４ページ「財産分与について」も合わせてご覧ください）。

この間、「夫から解放される日を想像するとワクワクします」と嬉しそうなCさんでしたが、「ただ、夫に離婚したいとどのように切り出していいのか……。親にも……」と表情を曇らせる時もありました。

経済面をざっくりと把握したCさんは、郊外の緑に囲まれた家賃が廉価なUR賃貸住宅に住み、短時間のパートタイムから始め、数年かけて無理せず徐々に働くことに慣れていくという未来図を描きました。

弁護士も交えて離婚を交渉

次に相談にいらした時、「私、人の目を気にしないことにしました。離婚したい！」としっかりと語るCさん。がんの経過観察で「再発の可能性がある」と言われたそうです。「この先短い命であれば、死ぬ時後悔しないよう、平和な時間を過ごしたいのです」

Cさんの夫のようなタイプの場合、離婚について夫婦のみで話し合うことはほぼ困難です。

離婚の進め方について、弁護士から法律面でのアドバイスを受けることを提案したところ、Cさんは早速相談。専門家の存在が心強いと感じたそうで、弁護士と委任契約を結び、家庭裁判所に離婚調停と婚姻費用の分担請求調停の申立てを行うことにしました（調停の具体的な手続きは、241ページで詳述します）。

UR賃貸住宅も契約。引っ越し業者を依頼し、夫が出社した留守の間に、自分の荷物とともに、「鳥籠」から飛び立ったのでした。「あなたとは離婚したい。近日中に弁護士から手紙が届くので、私宛の直接の連絡はお控えください」と書いた置手紙を残して。

調停で取り決められた婚姻費用を受け取りながら、離婚調停を進めていったCさん。夫は当初、「仕事が忙しくついイライラして当たっただけ」「常識を知らない妻に教えてあげただけ」などと言いDVの事実はないと訴え離婚を拒んでいましたが、長い間Cさんがつけていた日記の記述から、夫の行為はDVと認められました。また、夫は今までCさんに毎月渡していた生活費よりも高額な婚姻費用を支払うことになったことに不満を感じたようで、結果的に、離婚が成立、試算していた額と同程度の財産分与を得ることができました。

途中、嫌なエピソードを調停で話さなければならない場面でつらい過去が蘇ったり、財産隠しを行う夫の態度に、精神的にしんどい思いもしましたが、弁護士のサポートやカウンセリングをうまく活用し、「幸せになるために頑張る気持ち」を貫いたのでした。

離婚後、長い間抱えていた不眠や憂鬱な気持ちが徐々に解消されてきたCさん。調停の途中に受けたがんの精密検査では「所見なし」でした。しかし、「残された人生を悔いなく生きる」はCさんの大事な人生の指針となったようです。

「再発の可能性があると医師から言われたことは、神さまの後押しだったのかもしれません。今までいかに自分を殺し、周りに合わせて生きてきたのかを、今回の離婚を通じて痛感しました。あれだけ気にしていた世間の目や親の目も、今は気になりません。鳥籠に自分を閉じ込めていたのは自分だったのです」とCさんは語りました。

【ここまで知っておくと安心①】

経済的セイフティネットを夫に依存するリスク

経済的に自立して人生の選択肢を増やそう

専業主婦もしくは非正規雇用のカサンドラから、次のようなご相談を受けることがあります。

・主な稼ぎ手である夫が収入を明かさず、人生設計が立てられない
・十分な生活費を貰えない

・夫から「稼いでいないくせに」などのモラハラ発言を受けている
・夫から渡される金額では足りず、結婚前に貯めた自分の貯金を切り崩している。実家の親から援助を受けている

離婚を決意できない理由として、こうした経済的な不安を挙げるカサンドラはとても多く、専業主婦や非正規雇用の方においてその割合が高くなります。

経済的セイフティネットを夫に依存することは、大きなリスクです。モラルが欠如した夫の場合、所得税法や社会保険上の「扶養する者、される者」という関係を主従関係のように思い込み、本来は対等であるはずのパートナー関係を歪めて受け止めることもあります。そうした夫と金銭的な相談を冷静に行うには、困難が伴います。

そのため、経済的な自立は非常に重要です。実際、離婚を考えてから比較的早く決断し、実行に移すのは、正社員で勤務しているなど、経済的に自立している方が多いです。もちろん、専業主婦・非正規雇用の方が、すぐに経済的な自立を実現するのは難しいでしょう。まずは、少しずつでもいいので準備を始めることをお勧めします。生活ができる程度の収入を得ることを、当面の目標にしましょう。

女性の経済的自立を支援する制度

就業についての相談先としては、ハローワークがあります。就職に必要なスキルを身につけるための、無料の職業訓練を行っています。いくつかの条件を満たせば職業訓練を受けながら、給付金の支給を受けることも可能です。

子育てをしながら仕事を探す女性に特化したマザーズハローワークもあります。

また、男女共同参画センターや自治体では、女性の再就職を支援する事業として、キャリアカウンセリングや各種セミナーなどを実施していますので、ホームページで確認してみましょう。

今現在、正社員で勤務している方のうち、仕事と育児の両立に不安を感じている方もいることでしょう。

自治体が実施しているファミリーサポートセンター事業や病児・病後児保育を利用する、保護者同士で困ったら助け合う関係をつくるなどして、子育ての大変な時期をのりきったママやパパたちの体験談を耳にすることがあります。

かくいう私も、先輩に相談したり、ママ友パパ友たちと情報交換をしながら、ベビーシッターや家事代行、食材宅配などをフル活用。子どもたちにお手伝いをお願いし、仕事と育児で多忙を極める日々を駆け抜けてきました。

ありがたいことに、成人した子どもたちは男女関係なく、掃除や洗濯、料理など、身の回りのことを当たり前のように行う、という恩恵も受けることができました。次の世代を担う子どもたちが、性別にかかわらず、自分らしく生きられるよう、自分の人生を選択する力を持てるよう、私たち周囲の大人が「女だから」「男だから」と性別による役割や将来の方向性などを押し付けることをせず、ジェンダー平等を意識した声がけを行うことが大切です。

公的支援制度や人的ネットワークなど使えるものはなんでも使って、正社員で働き続けるメリット（安定した収入、福利厚生など）を手放さないでいただきたいと思います。

253ページの相談窓口・支援制度一覧もご活用ください。うまく利用すれば、育児の経済的・心理的負担をグッと軽くすることができます。

コラム②　DVを受けたら公的機関や専門家に相談

ご相談にお見えになるカサンドラのなかには、パートナーからDV（モラルハラスメントを含む）を受けている人もいます。苦しい気持ちを抱えながらも、特性のせいだからしかたがないと許容しているケースも少なくありません。

しかし、特性があろうとなかろうと、DVは許されるものではありません。DVに該当する行為があり、パートナーとの関係に苦しさを感じるのであれば、我慢することはありません。許容することがDVの深刻化につながります。

夫婦間のみで解決することは困難です。身近な周囲に相談してもいいのですが、Cさんのように理解を得られない場合もあることから、公的機関やDVについての知識と理解のある民間の専門家に相談することをお勧めします。

たとえば、内閣府男女共同参画局の「DV相談＋（プラス）」という窓口があります。365日対応しており、電話もメールも24時間対応で、12～22時の間はチャットでも相談できます（Tel：0120-279-889）。

コラム③ 配偶者の呼び名

男性の配偶者を「主人」と呼ぶ背景に、明治民法の家制度があります。明治民法下での家父長制においては、家の長は基本的に男性で、妻は「無能力者」と位置づけられ、働くには夫の許可が必要で、財産は夫に管理されました。妻にとって夫はまさしく「主人」でした。

1947年の民法改正で「家制度」は廃止されていますが、現代に残る「主人」という呼び名はその名残と言えるでしょう。

また、明治民法では女性は結婚すると夫の家の戸籍に「入る」ものでした。今は夫婦の新しい戸籍をつくりますが、いまだに「入籍」という言葉が使われています。「言霊」というように、言葉の持つ影響力は大きく、意識的に使うことが大切だと私は考えています。

特段の理由なく「主人」という言葉を使用している妻も多いと思いますが、無意識のうちに心理的支配や従属関係を刷り込まれる危うさがあります。「嫁」や「奥さん」という言葉も然りです。

夫婦は対等という意識をしっかりと持つためにも、夫を「主人」と呼んでいる方は、「夫」「パートナー」「つれあい」という言葉を使ってみたらいかがでしょう。

このような意識的な行動は、夫婦関係のみならず、すべての人が尊重され、対等である社会の実現につながっていくことにもなるでしょう。

第3章

こだわりが強いパートナーとの別れ方

【悩み②】自分の見栄・意地

関係は最悪だが、夫の高いステイタスを手放すのは惜しい

《本項目の内容》

Dさんの夫は建築家で収入が高く、周りから理想の相手だと思われています。しかし、夫はこだわりが強く、夫婦関係は最悪。離婚が頭をよぎるものの、周りが羨む生活を捨てるのは惜しいと躊躇するDさん。こうした場合は、夫婦関係や人生で何を重視するか、優先順位をつけると前に進みやすくなります。

具体例

結婚紹介所で出会ったハイスペック男性

30代半ばの専業主婦のDさんが、「離婚しないでうまくやっていく方法はないでしょうか」と相談にお見えになりました。ネイルサロンで手入れをしていると思われる爪先が印象的です。

大学卒業後、中小企業に勤めたDさん。仕事にやりがいを感じられず、社内の人間関係にストレスを抱えていたこともあり、外で働かなくてもいい専業主婦に憧れるようになりました。

Dさんのイメージする結婚生活は、「持ち家は絶対条件、子どもはひとりは欲しい、パートであっても働きたくはないので、夫の収入のみで一生余裕のある暮らし」でした。

Dさんの周囲に性格的に好感の持てる男性たちはいましたが、Dさんが思い描く生活を実現するために設定した年収面での条件に合わず、結婚に至ることはありませんでした。気が付くと30代、出産を考えると結婚を急がねばと、Dさんは結婚紹介所に登録。

年収や職業を中心にチェックするなかで、気になるプロフィールの男性を見つけました。年収は申し分なく、職業は数々の受賞歴のある建築家、すでにタワーマンションを購入し現在居住中。年齢が一回り以上違うことと離婚歴がある点が引っ掛かりましたが、とりあえず会ってみようとお見合いを申し込んだところ相手も承諾、ホテルのラウンジで会うことになりました。

お見合い当日、Dさんの前に現れたのは、センスのよい服に身を包んだ清潔感のある男性でした。Dさんの勤務する職場のお腹の出た上司たちとは違い、引き締まった体格をしています。受賞作品のビルや建物が掲載された雑誌を見せながら仕事に対する情熱を落ち着いた口調で語る彼に、Dさんの胸は高鳴りました。

お見合い終了後、年齢差や離婚歴は全く気にならなくなり、「もう一度会いたい」と相談所に連絡したDさん。嬉しいことに彼も同じ気持ちのようで、交際の段階へ進みました。

次のデートは彼が顧客と打ち合わせがてらよく利用するというホテルの高級レストラン。「仕事で高いパフォーマンスを発揮できるよう毎日の筋トレは欠かさない。食事や睡眠にも気を使っている」と語る彼に、今まで縁がなかった「ステイタス」を感じ、それは、テーブルに置かれたシャンパングラスのなかに立ち昇る泡と重なり、キラキラとした憧れとなってDさんの胸に広がり、彼とのタワマン生活を手中に収めたい欲望が湧いてくるのでした。

「自己管理能力が高いプロフェッショナルな夫との生活は生まれてくる子どもにとっても良い環境。彼と結婚すれば、今までの自分がいた世界とは違うステイタスの高い人たちとつながれる……」

Dさんは彼に「妻に求めるものはなんですか」と質問したところ、「仕事で最大のパフォーマンスを発揮できるよう支えてほしい。前の結婚では、妻が自分の仕事や趣味を優先したので、すれ違うようになり、結果的に離婚したのです」と物憂げな瞳で語ります。

「私だったら専業主婦になり、夫の自己実現のため支え尽くしたいです」とDさんが言うと、彼は優しく微笑みました。

3回目のデートでプロポーズ

次のデートでは彼が設計したというビルを見に行くことになりました。彼はビルのなかを案内しながら設計の際のポイントを事細かに説明し始めました。専門用語も多く正直なところあまり理解できず眠くなってきましたが、彼のハートをつかまなければと、大きく頷きながら熱心に聞くふりをしたDさんなのでした。

その後、そのビルに入っている高級レストランで食事をすることになり、その場で彼からプロポーズされたDさん。

「今日を含め3回会っただけなのに、決断が早すぎる」との思いは、不安というより歓喜であり、即座に「お受けします」と答えたのでした。

「このあと僕の部屋を見に来ませんか？」と誘われ、食事を終えた後、近くにある彼の住むタワーマンションに行くことに。マンションのエントランスから上層階にある彼の部屋までは、まるでおとぎの国への道のりのようでした。

玄関ドアの前に到着すると、彼がDさんの後ろからコートを脱がせ、ほこりを払ってくれたのです。玄関からなかに入ると、洗面所で手を洗うことを優しく促され、そのあとリビングに通されました。そこには、Dさんが住む賃貸のワンルームマンションとは全く違う、シンプルで効率的、そして、色調が統一された趣味の良いホテルのような空間が広がっていました。

「ここには前の妻も住んでいたのですが……。気に入っていただけたでしょうか」

「素敵です！　もちろんです」

「マンションのエントランスまで送りましょう」と優しく彼は微笑みました。

手を握ることすらしない彼に「すべての振る舞いが紳士だわ」とさらに好感度を高めたDさんでした。

その後、結婚式や転居などの日取りを決めるにあたり、Ｄさんは彼が六曜にこだわりがあることを知りました。また、Ｄさんが彼のマンションに引っ越すことになると、「生活に必要なものはすべて揃っているので、衣類など最低限のものだけ持ってくればいい」とのこと。「六曜は世間に広く浸透している慣習だし、私との結婚を大切に考えてくれている証拠。引っ越しはラクでいいわ」程度に考えていたＤさんでした。

彼が設定した日時に、引っ越し業者とともに彼の部屋の玄関前に到着したＤさん。当然ながら、玄関から彼の部屋に段ボール箱を搬入することを想定していましたが、玄関ドアから出てきた彼は業者に「ここに置いていただいて結構です」と言うのです。運んできた衣類やバッグなどが入った段ボール10箱を玄関前に置き、業者は嬉しそうに帰っていきました。Ｄさんの服のほこりを優しく払ったあと、段ボールを開けながら「中身を一緒に運びましょう」と微笑む彼なのでした。

結婚式は、彼の設計したレストランで行いました。

Dさんは、今回の結婚を周囲に自慢したい気持ちも少なからずあり、家族や親戚の他、多くの友人を招待しました。それに引き換え、彼側は両親のみ。「2度目の結婚なので自分側はひっそりと」が彼の希望で、招待客数のバランスについて気にしていない様子でした。

結婚式で多くの友人たちからの羨望の眼差しを感じ、「今日からバラ色のセレブ人生がスタートするのだ」と幸せに酔いしれたDさんでした。

規則正しすぎる夫に戸惑う

結婚生活開始に際しDさんは夫となった彼から、さまざまなお願い事をされました。

・起床、朝食、夕食、就寝の時刻を決めているので守ってほしい
・朝食は玉子焼と納豆、焼き魚に玄米と味噌汁、決まった銘柄のヨーグルト、夕食は鶏の胸肉を蒸したものと野菜サラダ、野菜スープを定番にしてほしい
・外から帰宅したら、玄関ドアの外で上着を脱ぎ、はたいてから入室すること。脱い

だ上着は玄関脇にあるクロゼットにつるし、部屋のなかには持ち込まないことなどです。

夫の規則正しく健康的な暮らしを私が支えていくのだとDさんは意気込みました。

夫に言われた食事メニューを作り続けてひと月ほど経った頃、さすがに飽きてきたことと、腕を振るって彼にさまざまなバリエーションの料理を食べさせたい思いから、ある日の朝食を違うメニューにしてみました。すると、テーブルに並べられている料理を見た夫は一瞬固まり、食事には手をつけず出社してしまったのです。

また、別の日の朝食では、ヨーグルトをひと口食べた途端に「変な味がする」と顔をしかめたため、夫指定のヨーグルトが売り切れていたため違う銘柄のものを買ってきたことを説明したところ、「売り切れていたのならほかの店を探すように」と真顔で言われました。

食料品や生活用品などの買い物は、夫から渡されたクレジットカードを使い、夫が指定したお店で買うように言われています。ある日、クレジットカードの明細をチェックしていた夫から、「指定した店以外で買い物しただろう」と質問されたので、いつも利用しているお店で夫指定のヨーグルトが売り切れていたため、近くのコンビニで買ったことを説明すると、「僕が指定した店は、君に渡しているクレジットカードのポイント還元率が高いんだ！　次回から指定以外の店では買わないでもらいたい！」とたしなめられてしまいました。

外出先から戻った際、夫が留守だったため気が緩み、コートをリビングのソファに置いていたところ、帰宅した夫が気づき、「汚い！　コートをビニール袋に入れすぐにリビングから運び出してくれ！」と怒鳴られたこともあります。

少々惑いを感じたDさんでしたが、理想以上の結婚生活を手に入れたことの高揚感はまだ続いていて、「約束を守らなかった私が悪い」と素直に反省したのでした。

就寝のため寝室に入る際には、直前に入浴することを求められます。ある夜、お腹の調子が悪くトイレに行ったDさんが寝室に戻ろうとした時、寝室のなかから夫が「大きなほうだったらお風呂に入ってきて」と言うのです。その夜、何度かトイレに立ったD

さんは、その都度お風呂に入らねばならず、さらに具合が悪くなり、しかも、容態を案ずることがない夫の態度にそこはかとない負担感と違和感を覚えました。

その後も、味噌汁や野菜スープ、室内の温度を細かく指定されたり、掃除した後、部屋に飾ってあるオブジェの位置が少しでもずれていると注意されます。

食事中は、「咀嚼に専念したい」という理由で、会話はありません。

ある朝、実家の母親が転倒してけがをしたとの連絡を受け、すぐに駆け付けようとしたDさん。六曜にこだわりのある夫から「午前は凶だから午後から行くように」と言われましたが、「心配なのですぐに行きたい」とお願いしたところ、「帰宅前に必ず塩で清めること」を条件にしぶしぶ認めた夫でした。

実家に着くと大事なかった様子の母親にほっとしたDさん。つい母親に、夫に感じている違和感について話したところ、「玉の輿に乗った人が何を贅沢言ってるの」と笑われてしまいました。

友人たちと会うと、毎回「羨ましい」と言われます。その度に、満面の笑みでふるまい、夫との暮らしのなかで段々と大きくなってきている違和感と苦しさをないものとしようとしているDさんでした。

離婚を意識したが今の暮らしは変えたくない

結婚して3年が経ちました。

夫からのこだわりの要求は徐々に強まり、おまけに、会話はほぼ皆無。

手に入れた理想の生活を壊さないために、疲弊しながらも応じているDさんでしたが、かつておとぎの国に思えたタワマンの部屋が牢獄のように感じられ、胸が苦しくなる時があります。

「離婚」というキーワードがふと頭に浮かびますが、「外で働かなくても許される暮らし」「社会的ステイタスのある夫とその妻であるという自分」を手放すことが惜しいことと、友人知人にどう思われるかが気になり、すぐに打ち消すDさんでした。

ある日、夫婦関係の悩みについてネットで検索していたところ、Dさんの夫と酷似した「こだわりの強い夫」に振り回されている妻のブログを発見。そこで初めて「発達障害」という言葉を知り、「もしかして夫も……」と考えるようになったDさん。

具体例
課題を可視化
対策

ある日、ベランダから飛び降りたい衝動にかられた自分に危うさを感じたDさんは、これはもうひとりでは抱えきれないとの思いで、私のカウンセリングルームに飛び込んできたのでした。

望みが叶ったはずなのに苦しむDさん

「離婚は考えていません」と自分に言い聞かせるような発言ののち、夫のこだわり行動のエピソードの数々をマシンガンのように途切れなく語り続けるDさん。「これって発達障害ですか？　夫のこだわりをやめさせることはできるんですか？」とすがるような眼で私に質問した時点で1時間以上経過していました。

まずは、ふたりの結婚についての考え方にどのような違いがあるのか、可視化する必要があります。そこで、夫のほうも困っているかどうかを、Dさんに尋ねてみました。

「仕事では華々しい成果を出していますし、家庭でも自分のペースで過ごしているので、まったく困っていないと思います」

では、Dさんが彼のこだわりに振り回されて消耗していることを、夫は夫婦間の課題として認識しているのでしょうか？　Dさんは首を横に振ります。

「伝えたのですが、僕が最大のパフォーマンスを発揮するために尽くすと言ったのはあなただ、約束を守れないなら離婚しようと言われてしまいました」

こうした場合、夫を変えるのは難しいかもしれません。Dさんにそうお伝えすると、ガックリ肩を落とされました。

「やっと手に入れた理想の結婚なんです。再婚するにしても同じような条件の人と出会えるかどうか……」

Dさんにとって理想の結婚とはなんでしょうか。少し考えた末に、こうおっしゃいます。

「私、外で仕事するのが好きじゃないので、専業主婦でいられること。かといってカツカツの生活は嫌なので、お友だちと食事したり、子どもを私学に入れたり、旅行したり。余裕のある生活レベルが保障されているのが望みです。今は憧れの専業主婦になり、毎月貰うお小遣いで友だちと遊んだり洋服を買ったりすることはできていますが……」

そう言いながら、暗い表情になるDさん。望みが叶ったはずの結婚生活に、Dさんは苦しんでいます。

結婚相手と価値観を共有できますか

Dさんは絶対条件である経済的な安定が叶う相手と結婚し、理想の結婚生活を手に入れたと言いますが、実際には苦しい結婚生活を送っています。

なぜそんな苦しみが生じるのでしょうか？　それは、経済的安定を得たからといって、必ずしも幸福度や満足度が高くなるとは限らないからです。

結婚とは、育った環境や性格が違う他人同士が、チームとなって家庭を運営していくことです。である以上、円滑な生活を送るためには、価値観や方向性が一致しているか、結婚前に確認する必要があります。これは、お金や地位など外面的なもの以上に大事なことです。

チームメンバーとしてふさわしいかを見極めるには、たとえば以下の問いを立てるといいでしょう。対等なコミュニケーションが取れるか。お互いを尊重し合えるか。苦労や困難の場面で協力して問題解決にあたることができるか。信頼関係を築けるか。チームメンバーとして受け入れがたい相手だった場合、その結婚は考え直してもいいかもしれません。

本人や社会の価値観が変化し、結婚前と結婚後とで結婚に対する意識が変わることもあります。実際、私のカウンセリングルームにお見えになるのはDさんのように、当初は結婚相手に経済力や社会的地位の高さを求めていたものの、血の通わない結婚生活に満たされずに苦しんでいるカサンドラが、少なくありません。

価値観が変わることは、悪いことでもなんでもありません。今、自分自身が大切にしている価値観に気づくことが大事です。結婚は、人生の幸福度や満足度に大きく影響しています。目の前にいる相手と大切にしている価値観に基づく結婚生活が実現できるのか、見極めることが重要です。

周囲の目、世間体を気にしてしまう

Dさんはもう1つ、周囲の目も非常に気にしていました。

「周りからは問題があるどころか羨ましがられているんです。前の奥さんと違って夫を支えているあなたはさすがね、と言ってくれる友人も多いのです。離婚したら何を噂されるか……とてもじゃないけどできません」

Dさんは自分に言い聞かせるかのように呟くのでした。

しかし、周囲からどう思われるかを基準に自分の判断や行動を決めると、かえって心身ともに疲弊してしまいます。周囲の評価に一喜一憂すると、自分と向き合うことがないがしろになります。結果、自分の気持ちや感情、価値観を認識しづらくなり、自分の心が喜ぶ選択をすることが難しくなって、ストレスを抱えやすくなります。表面的にはうまくいっているように見えても、実際は自分自身が納得できないまま過ごしているため、気持ちが晴れません。

一方、「自分がどうしたいか」を基準に行動している人は、自らの選択の結果がどう

具体例

課題を可視化

対策

あれ、他者の責任にせず、自らの課題として受け止め、次に活かすため、自信や充実感を得ることができます。自分に向き合い、心の声を聴き、心が喜ぶ選択を自己決定しているため、おのずと満たされた日々に恵まれることになるでしょう。

現在のパートナー関係に課題を感じ、今後の方向性を考える時、周囲の視点に立つか、自分に軸を置くのかでその後の人生が大きく変わります。人生の運転を他者に委ねず、勇気を持ち、自らしっかりとハンドルを握り、人生を切り開く。そうして幸せを手にした時、自分に軸を置くことの大切さを確信できるでしょう。

周囲の目が気になるという方は、小さなことでもいいので「自分で決める」ことを心がけてみましょう。その積み重ねが、大きな変化につながっていくのです。

対策

自分にとっての重要度を整理

こだわりが強く、聞く耳を持たない夫に振り回されたDさん。さぞかしつらい生活だったでしょう。ねぎらいの言葉をかけると、Dさんは号泣しました。

「冷たい牢獄に帰りたくない……でも、この生活を手放せない……私はどうしたらいいのでしょう」

納得できる選択を一緒に考えていくこともできますよと伝えると、ハンカチで涙を拭きながら「お願いします」と答えるDさんでした。

2回目のカウンセリングにお見えになったDさん。

「前回は話が止まらず失礼しました。誰にも言えなかった夫との悩みが、これほどまでに自分のなかに溜まっていたことに気づきました。話せて少しすっきりしました」

具体例
課題を可視化
対策

とほんの少しだけ微笑みました。

前回のカウンセリングを踏まえて、まずは家計について掘り下げて聞いてみました。

今の結婚で、Ｄさんにとって一番大事な経済的保障は得られています。しかしＤさんは、家計の全体像は把握していませんでした。夫は収入や資産、マンションのローンがあるのかも教えてくれません。夫と財産形成について話し合ったこともありませんし、そもそも話し合いをしたこともなく、しようと思っても応じてもらえない状況だったようです。

「老後までのことを考えると、何ひとつはっきりしたことがわからないので実は不安に思っていました……」

Ｄさんは、子どもを望んでいることを夫に伝えたこともあります。しかし夫から、「約束した覚えはない。子どもはいらないのですする必要ない」と言われ、セックスレス状態が続いています。また、旅先でも彼の六曜へのこだわりに振り回されて疲れるので、ここ数年旅行を控えていることなども暗い表情で語りました。

「お金があっても、手に入れることができないものもあるんですよね……。そもそもいくらあるのかもわからないわけで……」とうつむきながらＤさんは呟きました。

Dさんの気持ちを整理するため、パートナー関係において何が大事かを尋ねました。パートナー関係に求めることについて挙げてもらい、そのなかでの重視度をパーセンテージで示してもらうと、次のようになりました。

お互いを気遣えること……………………１００％
話し合いができること……………………１００％
折り合いをつけられること………………１００％
落ち込んでいたり具合が悪い時寄り添ってもらえること…………１００％
他愛のない会話ができること……………70％

「すべて、今の結婚にはないものです」とため息をつくDさん。
「今の夫から得られる可能性はあると思いますか？」と尋ねると、「無理だと思います」と言います。しかし、「でも子どもができて父親になったらもしかして変わるかもしれませんよね？」ともおっしゃいました。

具体例
課題を可視化
対策

子どもができたら夫は変わるのか

子どもを授かったら人が変わったように良い父親になったという話を耳にすることもありますが、極々まれなケースでしょう。実際、父親になったら変わるだろうと期待して子を授かったが、さらに夫婦関係が悪くなったというカサンドラの悩みを多く聞きます。

子どもを授かると、家庭運営における夫婦のチームワークが、さらに試されることになります。話し合い、協力し合い、必要に応じて家庭外からのサポートを受けながら、夫婦や親子の絆をしっかりと深めている家庭は多く存在します。家庭運営というミッションにお互いが向き合えるかがポイントです。

しかし、夫婦は家庭運営を担う対等なチーム員だという自覚が足りない夫の場合、子どもを授かったとしても、妻側に過重な負担がかかってくる可能性が高いことを覚悟すべきです。Ｄさんの夫のように子を授かることを望んでいない場合は、子どもを授かれば夫が変わるとの可能性にかけることはさらに高いリスクが伴うでしょう。

その点をDさんに説明すると、ご自身の心情に気づいたようです。

「そもそも夫とはセックスレスでした……。この先もこの状態が続くと思うと寂しくてたまらないです」

Dさんはまだ30代で、人生のやり直しはいくらでもできます。この先の長い人生、何を大切にしてどのようにデザインしていくか、自分自身で自由に決めることもできます。そうお伝えして、この日のカウンセリングを終えました。

離婚を決意したDさん

その日の夜、Dさんは、ふと、「なぜ夫は私と結婚したのだろう」と思い夫に尋ねてみました。すると相変わらず「仕事で最大のパフォーマンスを発揮するため支えてほしいから」と答えます。

「私でなければいけない理由は？」と質問したところ、夫はきょとんとした表情になり返事をしませんでした。その瞬間、Dさんは自分のなかで何かが崩れていくような感覚を覚えました。

「この人は私を見ていない。私をどんなに振り回してきたのかもわかっていない。伝えてきたけれどわかろうともしない。私だけが悩んできたのだ」

なんだか馬鹿馬鹿しくなりひとり笑い始めたＤさん。その存在を気にすることなく、「就寝の時間が45分後なので入浴する」といつものペースを崩さない夫の後ろ姿を眺めながら、Ｄさんはさらに笑いがこみ上げてきました。


次のカウンセリングで、この夫とのやりとりをお話されたあと「私、離婚しようと思います」とＤさん。

Ｄさんは、夫にとって自分は家政婦なのだと感じるようになりました。妻であるのに家政婦として夫からお小遣いという給料で「雇用」される人生はあまりにも空しい。そして、振り回される人生はもうまっぴらと思うようになったそうです。

「夫だけではなく周囲の目にも振り回されていたことと、私にとっては経済的安定より血の通った夫婦関係がよっぽど大切なのだと気づいたのです」

その後、Dさんが、「あなたを支え続けることはできないので離婚したい」と夫に伝えたところ、「それならばしかたない」とすんなり応じ、ほどなくして財産分与の額の提示があったそうです。夫は資産を明かしていないため、提示された額が適正かの判断はつきませんが、そこに固執するよりも、新たな人生のスタートに向けてエネルギーを使いたいと、さっさと荷物をまとめて、タワーマンションを後にしたDさんでした。

結婚前に退職した会社から「人手不足なので戻ってこないか」と声をかけられ、賃貸のワンルームマンションに住み、結婚前と同じ生活に戻ったDさん。

「自分のことを自分で自由に決められることの快適さを実感しています。仕事は大変ですが、自分の稼いだお金で、自分の人生を切り盛りしている感覚が清々しく嬉しいのです。周囲の目を気にすることをやめたら、職場の人間関係も楽になってきました。以前の私は幸せの本質に目を向けるのではなく、虚構に憧れていたのだと思います」

「再婚を考えていますか？」と問いかけると「人生行路のチーム員としてタッグを組めるなと思える人が現れたら慎重に考えます」とDさんは晴れやかな声で答えました。

具体例
課題を可視化
対策

【悩み③】子ども関係

子どもへの行きすぎた教育、ステレオタイプな家族観を持つ夫

《本項目の内容》

過剰な教育によって子どもを虐げる夫に困惑しているEさん。離婚を考えたこともありますが、離婚は子どもの成長に悪影響を与えるのではないかと心配して、踏み切ることができません。こんな時、母親としてどのように子どもの心を守ればいいかを解説していきます。

具体例

子どもを勝ち組にしたいと言う夫

「子どものことで悩んでいます」と40代の専業主婦のEさんが相談にお見えになりました。

受験を終え私立中学に入学したお子さんに行き渋りがあり、理由を尋ねても口をつむいでしまうので、どのように関わったらいいのか悩んでいるとのこと。

「夫が無理やり学校に連れて行くので、休んではいないのですが……」と暗い表情のEさんです。

Eさんの夫は大学の2学年上の先輩、ともに大学オーケストラに所属していました。卒業して数年後、OB会で再会。偶然にも、ふたりともメガバンクに勤務していたことから話が盛り上がり、交際が始まりました。

具体例
課題を可視化
対策

お互い激務だったこともあり、会えるのはせいぜい月に1回程度。コンサートを聴いたあとに食事をし、演奏の感想や互いの職場の話をするというパターンでした。

お互いの仕事がますます忙しくなり、デートするのもままならなくなったため、どちらからともなく「だったら結婚しようか」という話が出たのは、交際開始から半年過ぎた頃でした。


Eさんは音楽好きな両親のもと、裕福な家庭に育ちました。彼の父親は上場企業の取締役で、生活水準が自分の家庭と同レベルであることと彼の職業への安心感、また、共通の趣味があることから、結婚にためらいはありませんでした。Eさんの両親は仲が良く、自分たちも結婚したらそのように過ごしていくのだろうと信じて疑いませんでした。

結婚し、すぐに妊娠。育児と仕事の両立は難しいと感じたEさんは、退職し自分の母親のように専業主婦となりました。

相変わらず仕事が忙しく平日は帰宅が遅い夫は、休日に子どもに関わってくれました。ただ、1つ気になることがありました。夫はお風呂のお湯の温度を43度と決めていて、子どもが「熱い」と騒いでも、Eさんが「子どもと入る時だけは下げて」とお願いしても聞き入れません。困惑する気持ちもありましたが、子どものことを可愛がっているし、熱めのお風呂が好きな人なのだと、大目に見ることにしたEさんでした。

子どもが3歳になった頃、夫から「子どもを社会の勝ち組にするため、大学は自分たちの母校に進学させたい。そのために小学校から私立に通わせたいので受験準備を始めよう」と話がありました。

「勝ち組」という考えに引っ掛かりを感じましたが、Eさん自身も私立の中高一貫校に通っていましたし、母校の大学にも愛着があったため夫の進学方針に抵抗感はなく、子どもを受験塾に通わせることにしました。

子どもを母校の大学へ合格させるために、進むべき高校、中学校、小学校を決め、「それ以外の選択肢はない」と断言する夫にEさんは苦笑しましたが、子どもへの愛情が強いのだと微笑ましくも感じていました。

子どもにきつすぎる夫

夫は、子どもの一日の勉強時間を含めた生活スケジュールを決め、平日はどんなに遅く帰宅しても、こどもが当日取り組んだ勉強をチェック、休日はＥさんに代わって勉強を見ています。

その頃から、Ｅさんは、夫の子どもに対する態度が厳しいように感じることが増えてきました。

引っ込み思案なため、近所の方とすれ違っても、夫やＥさんの陰に隠れてしまう子どもに、夫は帰宅後、「試験の時、あんな態度じゃ不合格だぞ！　次から大きな声であいさつするように！」と叱ります。不器用なところがあるのか、工作がうまくできず途中で子どもが投げ出すと「これじゃ合格できないぞ！」と無理やり机に向かわせます。

ある日子どもが、「ママ、お勉強やりたくない」と泣きべそをかいたため、Ｅさんが夫に、少し厳しすぎるのではと話したところ、「難関小学校に入学したい子はこれぐらいのことはやっている。子どもが弱音を吐くのは君のしつけが甘いから。私は子どものために厳しくしているんだ」と言われてしまいました。

確かにそうかもしれないと思って優しい声で子どもを諭すＥさんでしたが、曇った表情を見せる子どものことが少し心配ではありました。

結果的に夫の決めた小学校は不合格となり、第一志望校ほどではありませんが、そ

そこそこの難関校である滑り止めの学校に入学することになりました。Eさんは十分な結果だと受け止めましたが、夫は落胆。子どもをねぎらうどころかしつこく叱り、Eさんに対しても「君の努力が足りなかったせいだ。母親失格だ！」と怒鳴った挙げ句、ひと月ほど、無視が続きました。受験が終わり、やっと一段落つけると思いきや、自責の念を抱きながら心落ち着かないEさんでした。

怒鳴り散らされ萎縮する子ども

ひと月過ぎた頃、夫は「6年後の中学受験は絶対に成功させる」と、またしても子どもの生活スケジュールや習い事を含む学習計画を組み、「今度は子どものために真剣に取り組んでほしい」と厳しい顔で言うのでした。

子どもは4歳から始めたバイオリンの他、受験は体力勝負という夫の意見でスイミングに、そして学習塾に通うようになりました。

夫は、学校と学習塾のテストを必ずチェックし、たとえ得点が99点であっても褒めることはせず、マイナス1点のミスを叱ります。得点が8割未満だった場合、3日間おやつはなし。事あるごとに子どもに「お前のためだよ」と言い聞かせています。

体調が優れずスイミングを休みたいと子どもが訴えても「行けば治る！」と無理やり連れて行きます。

心配になったEさんは夫に恐る恐る、まだ1年生なのにこれでは息切れしてしまうのではと話したところ、「ママに言いつけただろう！」と子どもを怒鳴り、クロゼットに閉じ込めようとしました。慌てて止めに入ったEさんを夫は突き飛ばし、鬼のような形相で「パパがいいと言うまで入っていろ！　どいつもこいつも！」と叫んでいます。Eさんは恐怖を感じ、固まってしまいました。

この頃から、夫はますます子どもに対して厳しい態度になりました。例えば食事の際、

「食べながら話をするな！」「出されたものは絶対残すな！」「背筋を伸ばして食べろ！」と毎回子どもをたしなめるため、食卓が緊張と沈黙の場となりました。

子どもに矛先が向かうことを懸念して黙っていたEさんですが、子どもが風邪気味の時に、夫の顔色を窺いながら、「体調が優れない時は全部食べなくても許してあげて」とお願いしました。

しかし夫からは、「体調が悪い時こそ栄養を摂る必要がある。子どものためにマナーを教えている私のどこが間違っている？」と言われてしまいました。言葉に詰まったEさんに、「意見を言う時は、根拠を示してくれ」と夫は真顔で主張してくるのでした。

ある日の食卓で、子どもが納豆を食べた時に、糸が引いているのを見た夫が「納豆の糸を引くな！」と突然怒鳴りました。子どもなのだからそれくらい大目に見てもよいのではと思いましたが、夫には何を言っても無駄だろうと言葉を呑んだEさんでした。目を見開いたまま固まっている子どもをかわいそうに感じましたが、事を荒立てたくない思いから「パパの言うとおりお行儀良く食べましょうね」と眼差しに優しさを込めて伝えたEさんでしたが、子どもはうつむいていていて、Eさんの瞳を見ることはありませんでした。

具体例
課題を可視化
対策

中学受験が近づくとプレッシャーも激化

子どもが４年生になってからは、夫は自分の出社前の朝６時からの30分間を新たに学習の時間と決め、子どもの隣に座り勉強する子どもの様子を監視しています。

Ｅさんは、運動会の翌日で学校が代休の日くらい朝はのんびりさせてあげたいと思い、そのことを夫に伝えると、「甘い！」と不機嫌になり、無視がまたひと月ほど続きました。

この頃には、夫の反応が怖いため、何も言えなくなっていたＥさんでした。

夫が家にいない時を見計らい、「ママはあなたが頑張っていることをわかっているよ」と子どもに声をかけると、「うん」と笑顔を見せるのですが、夫が家にいると緊張している子どもの様子が心配なＥさんでした。

夫は、学校行事や懇談会へ積極的に出席し、休日は習い事の送迎もしているため、ママ友たちから高く評価されていることもあり、Ｅさんが「うちのパパ、厳しすぎると思わない？」と相談しても、「熱心でいいじゃない。羨ましいわ」と言われてしまいます。

そう言われると、「やはり厳しさは子への愛情なのだ」と自分を納得させようとするのですが、やはり行きすぎているように思う気持ちを打ち消すこともできず、モヤモヤとするEさんでした。

受験が近づいてくるにつれ、次々と飛んでくる夫の指示をこなさねばならない戦争のような日々が続き、今回は無事、夫が決めた中高一貫校に合格。この時ばかりは「よくやった！」と上機嫌で子どもとEさんに声をかける夫でした。その声を聞き、緊張の糸が切れたのか、へなへなと座り込んでしまったEさんでした。

子どもを労わらない夫に放心するEさん

入学式が済み、ゴールデンウィークが明けた頃から、決まった起床時間に子どもが起きてこない日が目立ってきました。「遅刻するわよ」と声をかけると部屋から出てきます。ところがある朝、いくら声をかけても出てこないため、体調が悪いのではと心配になり部屋へ様子を見に行ったところ、布団にくるまり「お腹が痛い」と呟いています。その時、いつの間にか部屋に入ってきた夫が、「起きれば治る！　休んだら皆勤賞貰えないぞ！」と子どもを無理やり布団から引きずり出したのです。

勇気を振り絞って「皆勤賞も大事だけど身体も大事なのでは……」と子どもと夫の間

具体例
課題を可視化
対策

に入ったEさんを夫は突き飛ばし、「君のしつけが甘いから私が君の分まで厳しくする羽目になるんだ！　腹痛くらいなんだ！　学校行くぞ！　着替えろ！」と恐ろしい顔で叫び、青い顔をしながら着替えた子どもの腕をつかんで、一緒に家を出ていきました。

放心状態で立ちすくむEさんの心に、夫の冷徹さが突き刺さる感覚がありました。「結婚生活を振り返ってみれば、夫は子どもの教育には強い関心とこだわりを示したが、労りはあっただろうか。私や子どもの体調が悪い時、「大丈夫か？」と声をかけてもらった記憶がない。会話は子どもの勉強や受験に関する指示や連絡、そして共通趣味の音楽の話題が中心で、子どもの成長を一緒に喜んだ記憶がない……」

その時、以前ママ友が「ウチの夫は共感がなくて、私カサンドラなの」と言っていたことを思い出しました。その時は、子どもの受験のことで頭がいっぱいで、半分聞き流していましたが、今日は「カサンドラ」という単語がなんとなく気になります。インターネットで調べてみると、「子どもの進学先やお風呂の温度以外にもさまざまなこだわりがあり、共感がない夫はもしかして発達障害？」と感じたEさんでした。

子どもの行き渋りが何回か続いたある日、Eさんは、子どもの髪の毛が薄くなっている箇所があることに気づきました。慌てて皮膚科を受診させたところ、ストレスが原因の抜毛症（ストレスをきっかけに、自分で髪の毛やまつげなどの体毛を抜き脱毛状態になるもの。特に思春期の子どもに多く見られる）と言われ、精神科に行くよう勧められたのです。

「父親からのプレッシャーが子どものストレスになっていることは疑いようもないが、このことを夫に話したらきっと責められる。しかしこのままでは子どもはますます傷ついてしまう……。夫にどうやって説明しよう……」

どうしていいかわからなくなったEさんは、私のカウンセリングルームの扉を叩いたのでした。

課題を可視化①

夫の行為は教育虐待の可能性あり

「夫に悪気はないんです。子どものことを思って熱心なあまり厳しくなっているだけなんです。子どもに対する態度をもう少し緩くしてもらえるよう、夫の気持ちを損なわないように伝えるにはどうしたらいいのでしょう」とEさんは困り果てた様子です。

私は、夫の行為は「教育虐待」の可能性があると伝えました。「虐待」と聞いて驚くEさんです。

教育虐待とは、児童虐待の一種で、子どもが耐えられる限度を超えて教育などを強制することを指します。具体的な例としては、「過度な勉強や進学先の強要」「子どもの勉強スケジュールを細かく管理する」「テストで親が思った点を取れないと叱責したり罰を与える」などが挙げられます。

本人の意思が無視されたり、精神的、肉体的苦痛を受け続けたりすることで、子どもはその重圧と負担に耐えきれず、心身に不調が生じることがあります。自尊感情の低下や心的外傷後ストレス障害（ＰＴＳＤ）の発症、成人後も精神的な後遺症に悩まされるケースもあります。

子どもの将来のためを思って行われることも多く、「教育熱心」との境界があいまいで表面化しづらいのが現状です。行きすぎた教育であるのにもかかわらず、周囲が「教育熱心だ」と賞賛するような風潮もその一因となっていると考えられます。

親自身に虐待であることの自覚がないことも多く、知らず知らずのうちに子どもを追い込んでしまうケースも見られます。

教育虐待が見られる親が、もう片方の親に責任を転嫁することもあります。「君のしつけが甘いから私が君の分まで厳しくするんだ」と行為を正当化されると、もう一方の親は自分が悪いのだと思うようになり、虐待だと認識しにくくなります。

また、Ｅさんが夫から受けている「突き飛ばす」「怒鳴る」「無視」「自己の行為の正当化」などの行為はＤＶであり、それらの身体的暴力、精神的暴力により、Ｅさんは常に夫の顔色を窺い、自由に意見を言えない状態、つまり夫に「支配」されている状態にあります。

児童虐待とＤＶの併存ケースは多く見られます。

母親が「支配」により正常な判断力や行動力を失っていること、さらに、虐待を止めようとすれば加害者が怒り、自分や子への暴力がますます激しくなるとの恐れから、虐待を抑止することが難しくなるのです。

対策①

まずは児童精神科医と学校に相談

Eさんの家庭においては、お子さんを守ることが緊急かつ最優先です。まずは皮膚科医に勧められたとおり、児童精神科に行く必要があります。

また、抜毛症や行き渋りの件を学校に知らせていないというので、早急に、父親の関わり方を含め担任と情報共有し、学校での様子も確認することを勧めました。

学校に話したことが夫に知られるのではとEさんはためらいましたが、夫にすべて報告する必要はありません。子どもとEさんの安全を第一に考えるのが、まずとるべき対策です。

受診した児童精神科の医師から、Eさんはこんなアドバイスを受けました。

「夫は教育虐待の可能性があるため、第三者を介入させて改善に向けて対応すべき。改善が見られるまで、父親から離したほうがいい。私からお父さんに話をしてもいいですよ」

また担任からは、「学校では変わった様子は見られないが、しんどさを隠している可能性もあるため、スクールカウンセラーと面談してはどうでしょう」と勧められました。

早速Eさんが面談したところ、「このままの状態を続けるのは子どもにとって負担が大きい。お父さんを学校に連れてきてもらえれば、担任とカウンセラーから話をしますよ」と言われたそうです。

しかしEさんは、夫が逆上することを恐れて、医師やスクールカウンセラーの提案に及び腰になっていました。

気持ちはよくわかるものの、このままではお子さんをさらに追い込み、取り返しのつかないことになる可能性もあります。そのため、夫を学校に連れて行くことを勧め、暴言などがあった場合はEさん宅からさほど遠くない実家に避難することを提案しました。

「両親に相談してみます」とEさんは頷きます。

両親に相談したところ、「専門家である医師や学校の意見は真摯に受け止めたほうがいい。何かあったら避難してきなさい」と言われたEさんでしたが、夫に話すことについてはどうしても勇気が出ません。そこで、夫が必ず出席する保護者面談の日に、今回も定例の面談ということにして、夫を連れて行くことにしました。

担任とスクールカウンセラーは夫に、「お父さんの思いはわかるが、子どもの意思を尊重すること。無理強いするとかえって勉強嫌いになる」と伝えました。

夫はその場では反論せず「わかりました」と素直な態度を見せましたが、学校を出た途端に「他人の子どもだからあんなことが言えるんだ。私は間違っていない」と不機嫌になりました。

医師の話には耳を傾けるかもしれないと、子どもの受診に同席してもらうことにしました。医師から「お子さんの抜毛はお父さんの厳しい態度が原因の可能性がある」と言われて、「行きすぎていました」とその時はしゅんとした態度を見せました。

しかし帰り道、「ヤブ医者め！　転院させろ！」と激怒。恐怖を感じたEさんは、子どもを連れて逃げ出したい衝動にかられました。

翌日、実家の母親の具合が悪いので、子どもを連れて看病に行ってきますと夫に嘘をつき、実家に避難したのでした。

具体例
課題を可視化
対策

課題を可視化②

離婚が子どもに悪影響を与えると心配するEさん

次のカウンセリングで、「夫と離れて、子どもの表情がほんの少し緩んだようですし、私もなんだかとっても楽になりました」と少し明るい表情を見せたEさんです。

Eさんにとって、実家は安らぎの場でしたが、子どもの小学校受験の頃から勉強などのスケジュールが過密だったため、ほとんど実家に行くことができず、長い間、寂しく感じていたのです。ご両親も孫やEさんと過ごせる時間を嬉しく感じている様子です。

「実家にいると夫に対する拒絶反応が出てきます。教育虐待は怖いし、理想にしていた父と母のような労り合う関係が全くないことにもすごく寂しさを感じるようになってしまって。今、帰りたくない気持ちは強いです」

しかし、Eさんはこんな懸念も口にしました。

「ただ、家族を壊したくないんです。離婚してひとり親になったら、子どもがかわいそうですよね？」とEさんは頭を抱えています。

3組に1組は離婚すると言われている時代ですが、カサンドラのなかにはEさんのように、お子さんの負担や将来を考えて躊躇する方が少なくありません。「片方の親と一緒に暮らさなくなること」「転居」「幼稚園や保育園、学校の転園、転校」「経済面の変化」「姓の変更」について、不安や心配になるのです。

確かに、離婚は環境の変化をもたらしますので、何らかの影響を子どもに与えることは事実です。しかし、漠然と「負担」や「悪影響」という言葉で括らず、離婚により生じる変化を具体化し、果たしてマイナスの影響ばかりなのかを検証することが大切です。

次ページに、子どもを持つカサンドラからよく相談される3つの事例をまとめました。家庭の在り方を考える参考にしていただければと思います。

と全く同じようにはできないかもしれません。離婚後の生活レベルにもよりますが、そのことを「不自由だからかわいそう」と考えるのか、「親子で協力して節約や工夫をしながら暮らす体験が、親子関係や子どもの人格形成にプラスになる」と捉えるのか。人生において望みや欲しいものをすべて手に入れることは困難です。優先順位をつける、本当に手に入れたいもの以外は諦めるなどの学びは、成長過程においてとても大切なことです。両親の不仲やDV、虐待などで子どもが心理的安定感を損なっている場合、子どものために何を優先するのかの視点も重要です。

心配ケース3

姓が変わることで、親の離婚が周囲に知られ、子どもがストレスを受けるのでは?

⇒子どもの姓については、離婚しても変更しないことも可能です。

思春期前の子どもは、姓が変ることにあまりストレスを感じないものですが、年齢によっては、親しんできた姓が変わることに違和感を持ったり、親の離婚を知られたくない子どももいます。子どもの気持ちを聞き、意向を考慮し、自分の姓をどうするかも含めて判断しましょう。

姓を変更した場合でも、多くの学校では呼称や名簿などについては変更前の姓(通称)の使用を認めていますので、必要に応じて通称使用の相談や依頼をしてみましょう。

家族のあり方も、ひとり親やステップファミリー、里親や養子縁組、LGBTQ家族、急増している単身世帯など多様化している時代です。かたちではなく、その家庭のすべてのメンバーが尊重され心安らぐ場であるかが大切ではないでしょうか。

◎子どものいるカサンドラからよく受ける相談

心配ケース1

片方の親と過ごす時間が減ることや、住み慣れた環境や友人関係から離れることで、子どもが精神的に不安定になるのでは?

⇒DVや虐待がない場合、原則、離婚後も、面会により定期的継続的に交流することができます。直接の面会に加え、ビデオ通話などを活用しているケースもあります。子どもの気持ちや利益を最も優先し、内容、頻度などを取り決めましょう。

一緒に暮らさない親が、離婚したことで不仲によるストレスから解放され精神状態が安定した、また、面会交流という限定的な時間だからこそ子どもへ適切な関わりが持てるようになって、子どもとの関係が改善されたケースもあります。

環境の変化は、年齢に関係なくストレスとなります。子どもが、住み慣れた家やお友だちと離れることのつらさや新しい環境への不安を感じているなら、その気持ちをしっかりと受け止めましょう。その上で、離れていても交流はできることや新たな出会いの楽しさについて伝えてみましょう。お子さんにとって親御さんと安心できるコミュニケーションが取れていれば、新しい環境において比較的ストレスを感じることなく過ごし、馴染んでいくことができるでしょう。

心配ケース2

世帯収入が減ることで、離婚前と同レベルの生活が難しくなり、進路や習い事の選択肢が狭まるなど、子どもに不自由な思いをさせてしまうのでは?

⇒離婚前に、養育費、財産分与、自分の給与、ひとり親対象の公的な手当金などを計算し、離婚後どの程度の生活水準になるのかシミュレーションしましょう。

離婚により世帯収入が減るケースがほとんどですので、離婚前

対策②

夫の態度が変わらないため離婚へ

家族が壊れることを心配して、Ｅさんは夫が変わる方法がないかを考えていました。

もちろん、専門家などの第三者の意見に耳を傾け、考えや行動を変えていく人はいます。

しかし、Ｅさんの夫のように、自分の考えへの固執や他者の意見に対する拒否感が強い場合は、厳しい可能性があります。それにお話を聞く限り、お子さんは両親が揃っていても、心が壊れかかっているように思えました。

そう伝えると長い沈黙の後、「かたちにこだわっていたのかもしれません」と呟いたＥさん。お子さんとＥさんの心が壊れないかたちを一緒に考えていくことになりました。

その後、夫から帰宅を促す連絡がくるようになり、Ｅさんは決断を迫られることになりました。

実家で過ごすうちに、子どもには笑顔が見られるようになっています。「父親の態度が改まらないなら子どもと離したほうがいい」という主治医のアドバイスが頭をよぎります。そこで今は自宅に戻らないほうがいいと考え、勇気を出して理由とともに夫に電話で伝えたところ、「連れ去りだ！　訴える」と激高するのでした。その態度に夫婦を続けることの限界を感じたEさんは、離婚を決意し具体的な一歩を踏み出しました。

離婚調停を行う

弁護士に相談したところ、「夫の行為は教育虐待にあたると思われる。相手方の合意がなくても、子どもが虐待を受けている時に、子どもの安全のため実家に避難することは違法ではない。話し合いができるような夫とは思えないので調停を利用したほうがいい」と助言を受けたEさん。早速、家庭裁判所に「離婚調停」と離婚成立までの経済面の保障のために「婚姻費用の分担請求調停」の申立てを行いました。

慣れない調停に疲れる日々でしたが、今まで子どもを守ってあげられなかった贖罪に近い気持ちと今これからは子どもを守りたい一心から、そして、ありがたいことに両親の支えもあり、力を振り絞って臨んだEさんでした。

夫は婚姻費用の支払いについてはしぶしぶ同意したものの、「子どものことを思っての教育やしつけの範疇であり虐待の事実はない」「離婚は認めるが親権は譲らない」と主張。Eさんは、夫の「虐待」と「DV」を綴った日記と子どもの抜毛症の診断書を提出し、調停委員に、夫の「虐待」が子どもの心身に与えた影響について考えた上で判断してほしいと切に訴えました。

その訴えがあったためか、家庭裁判所調査官が子どもと面接を行いました。その過程で、「パパが怖い。言うことをきかないとママが怒られるので我慢していた。パパと一緒にいたくない」と子どもの気持ちが語られました。Eさんの日記との一致も確認できたこともあり、結果的に、離婚は成立しEさんが親権を得ることができました。

夫は面会交流を求めていましたが、子どもの利益を第一に考えて、当面は実施しないことになりました。ただ、父子関係が完全に断絶することは子どもにとって将来的にはマイナスになる可能性もあります。そこで、夫が子どもに手紙を送ることは認め、将来

的には面会交流が実施できるように夫と妻の双方が努めることで合意しました。

離婚後も子どもの抜毛は続いていて、「抱っこしてほしい」と言ってくるなどの赤ちゃん返りも見られるようになりました。

医師は、「ずっと押さえていた甘えたい気持ちをやっと出せるようになったということ。否定せず十分に受け止めてあげて。抜毛に焦らず付き合っていきましょう」と言います。

今度こそ子どもの心に向き合い、子育てを一からやり直そうと思ったEさん。「これからは、ありのままの自分でいられるような家庭をつくっていきます」と優しく語るのでした。

【ここまで知っておくと安心②】

子どもに離婚をどう伝えればいい？

離婚を考えるが、子どもに与える影響を心配して踏み切れない。離婚を決意したものの、子どもにどのように説明すればいいのかわからない。

離婚についてのご相談のなかで、お子さんがいるほぼすべての方が語る悩みです。

この点については、子どもの年齢や発達段階、性格、親子関係、家庭の経済状況などにより違ってくることが前提の上で、次のようにお伝えしています。

今の家庭は子どもが安心できる場所？

人生は思いどおりにならないもので、この世は不条理や理不尽なものです。子どもにとって親の離婚はその1つかもしれません。

夫婦喧嘩が絶えない、子どもの前で片方の親の悪口を言い続ける、会話がない、お互いへの思いやりを感じさせるコミュニケーションを取っていない等の状況があるならば、すでに子どもの心身にマイナスの影響が生じている可能性があります。ＤＶ・モラルハラスメント、虐待がある場合はなおさらです。

このような家庭では、良い人間関係の在り方を学ぶ機会が少なくなりがちです。また、常に緊張を強いられるため、安全感や安心感を持ちにくく、他者に対する信頼感の欠如が生じたり、「両親の不仲は自分が原因だ」と自己評価が低くなることもあります。結果、子ども本人が生きづらさを抱えるケースも少なくありません。

本来、家庭というものは子どもにとって、心が安らげる場所であり、他人に対する思いやり、人に対する信頼感、自尊心や自立心を育む大切な場所です。父親と母親が揃っていることは絶対条件ではありません。

今の家庭が、子どもにとって安全で安心な居場所として機能しているかという視点が最も大切ではないでしょうか。

また、子どもに発達障害特性がある場合、子どもの成長や将来に向けての自立、二次障害の予防のために、障害特性に配慮し、発達段階に合った適切な関わりが大切です。しかし、夫が子どもの発達障害特性を認めない、理解がない、適切な関わりを持つことが難しいケースがあります。そうすると、以下のような問題が生じる可能性があります。

・療育を受けさせない、特別支援級に入れることを認めない
・無関心。母親だけが、ペアレントトレーニング（保護者が子どもの行動に対し適切に対応するためのスキルや知識を習得することで、発達障害のある子どもの行動変容を促すプログラム）を受けている
・子どもの特性によるパニックを面白がる、叱るなどの好ましくない関わり

子どもにとって適切な環境が整わないと、怒りの暴発や自傷、抑うつ、自尊感情の低下など、元々の発達特性とは別の問題（二次障害）を新たに抱えることが危惧されます。

子どもが健やかに育つために、今の家庭が適しているかどうか。そんな視点を持つことが大切です。

ちなみに、夫婦不仲であっても今の家庭のほうがいいと判断し、離婚しないケースもあると思いますが、その場合、子どもに対して「あなたのために離婚しないのよ」「あなたがいるから離婚できないのよ」と言うのは厳禁です。「自分のために親が不幸になっているのだ」と子どもが罪悪感や自責感を抱え、心に傷を負いかねません。「子どもを言い訳にしないで」と親に不信感を抱く子どももいるでしょう。子どものためを思うなら、子どもに責任を感じさせる発言は慎みましょう。

子どもに離婚を伝える時に気をつけたいこと

子どもに離婚を伝える決心ができたら、以下の点に気をつけて話すようにしましょう。

まず、理由とともに子どもに伝えてみてください（話せる理由である場合）。何も知らされずに片方の親と離れると、「どうして両親は離婚したのだろう」「自分のせいかもしれない」「自分に何かできることがあったかもしれない」など、疑問や葛藤を抱え、気持ちの整理がつかない状態が続くこともあります。

離婚の原因は子どもではないこと、離婚をしても、両親ともにいつまでも親であり、子どもを大切に思い愛していること、子どもが望めば、一緒に住まない親に会えることをしっかりと伝えましょう。

また、離れて暮らす親の悪口を言うのは避けてください。子どもにとっては親であり、自分の一部であるため、自分自身を否定されているように感じる子どももいます。

離婚後の生活の見通しについて話すことも大事です。親が離婚することで、生活がどのように変わるのか子どもは不安に感じるものです。

いずれの場合でも、子どもの気持ちに耳を傾け、子どもの思いをしっかりと受け止め、不安を訴えたなら一緒に考えていくという姿勢で関わりましょう。

夫婦として一緒に人生を歩んでいくよりも、別々の道を選んだほうが家族みんなが幸せになれる。そう判断したことを、親が自分の言葉で誠実に子どもに伝える。そんな態度で接すれば、子どもも両親の離婚に向き合い、自分の人生を考える糧を得るでしょう。

第4章

無関心・受け身なパートナーとの別れ方

【悩み④】罪悪感

理想の夫だと思われているため離婚に罪悪感を抱いてしまう

《本項目の内容》

やさしさに惹かれて結婚した相手が、受け身で気持ちが通じ合わない相手だった。それでも、夫は悪い人ではないし、周囲にはもっとひどい夫がいるからと我慢し、むしろ自分に罪悪感を抱いてしまう。そんな悩みを抱える方が、実は大勢いらっしゃいます。こうした場合に役立つ考え方を本項目でご紹介します。

具体例

穏やかで一生懸命なところに惹かれて結婚

職場の同僚だった夫と結婚して5年になるという、30代後半の会社員のFさんが、「私は贅沢なのでしょうか」と相談にお見えになりました。

仕事をそつなくこなしつつ、誰に対しても決して偉ぶらず、いつも穏やかで丁寧、職場の飲み会でも、にこにこと周囲の話を聞いている。そんな彼に、独身時代のFさんは好感を持っていました。

ある時、Fさんと彼は、会社が立ち上げたプロジェクトチームメンバーに選ばれました。連日、彼と一緒に業務に当たることになったFさんは、あらためて彼の知識の豊富さやスキルの高さを知り、好感は恋心に変化していきました。

プロジェクトは無事成功、打ち上げ会で、彼を含むチームメンバーとの連帯感と達成感に満たされていたFさんは、高揚感も手伝って、彼をふたりきりの二次会に誘いました。その夜がふたりの交際のスタートとなりました。

Fさんは学生の頃から、男女問わず、大人になったら他者に依存せず、経済的自立は当たり前のことだと考えていました。仕事を通じ、社会とのつながりや自己成長を得られている実感もあり、結婚しても、仕事を続けたい強い気持ちがありました。「俺の稼いだ金だ」と夫に言われてお金の使い方を制限されたり、夫の顔色を窺いながら暮らしている専業主婦の友人たちの愚痴話を聞く度に、経済的自立と対等な夫婦関係は人生の幸福度に大きく影響するのだと、考えを深めていったFさん。そのことを彼に話すと、「まったく同感です」と何度も頷きながら聞いてくれました。Fさんは彼との結婚を少し意識するようになりました。

喧嘩することもなく、穏やかな関係が1年ほど続いた頃、事あるごとに上司に取り入っていた社員が、同期のなかでいち早く昇格するという出来事がありました。腹立たしい気持ちで息巻いているFさんでしたが、その傍らで、どこ吹く風で仕事に向き合っている彼に清廉さを感じ、人生の伴侶としてふさわしいかもしれないと感じたのでした。彼から具体的な結婚話はありませんでしたが、女性から切り出すことに全く抵抗がないFさんは、ある日のデートの帰り道で彼に「そろそろ結婚する？」と伝えたところ、「いいですね」と返事がありました。

その半年後、職場の上司や同僚からも多くの祝福を受け、ふたりは夫婦になりました。新婚生活も今まで同様、穏やかな日々でした。

家電製品を選ぶ時、夫はスペックを事細かに調べ示してくれます。意見を押し付けてくることはないため、Fさんは客観的に示されたデータを見比べ、じっくりと選ぶことができます。彼を頼もしく感じるFさんでした。

結婚後、Fさんは夫と違う部署に異動となりました。ふたりとも働いているため、家事分担は平等です。実家暮らしで料理をする機会がなかった夫ですが、Fさんが残業になりそうな日に夕食の支度をお願いすると「やってみます」と素直に返事をします。

Fさんが残業を終え、お腹を空かせて帰宅すると、いい匂いが漂っています。テーブルの上には、真新しい料理本があり、何枚かの付箋が貼ってあります。

「ただいま！」とキッチンにいる彼に声をかけると、まだ調理は途中の様子。「料理の基本は一汁三菜とあります。今日はキャベツと油揚げの味噌汁、煮魚とほうれん草のごま和え、ジャガイモの甘辛煮にしました。すみません、まだ完成していません」と応じて再度真剣に取りかかる彼。Ｆさんは空腹を忘れ、夕食はかなり遅くなりましたが、夫の一生懸命さをありがたく感じるのでした。

受け身な態度ばかりで違和感を覚える

１年が過ぎた頃の休日、Ｆさんは脚立に乗りエアコンのフィルター掃除をしていたところ、バランスを崩し床に落ちてしまいました。痛みのせいで立ち上がることができずうめき声を上げているＦさんの視界に、どうしていいのかわからない様子でウロウロとしている夫の姿が見えました。「救急車を呼んで！」と夫に声をかけると、「はい！」と返事をし１１９番に電話をかけてくれたのですが、救急隊員が到着する間もＦさんに声をかけることなく再びウロウロとしています。

救急搬送先の検査では異常はなく、安堵したＦさん。付き添った夫からは「異常がな

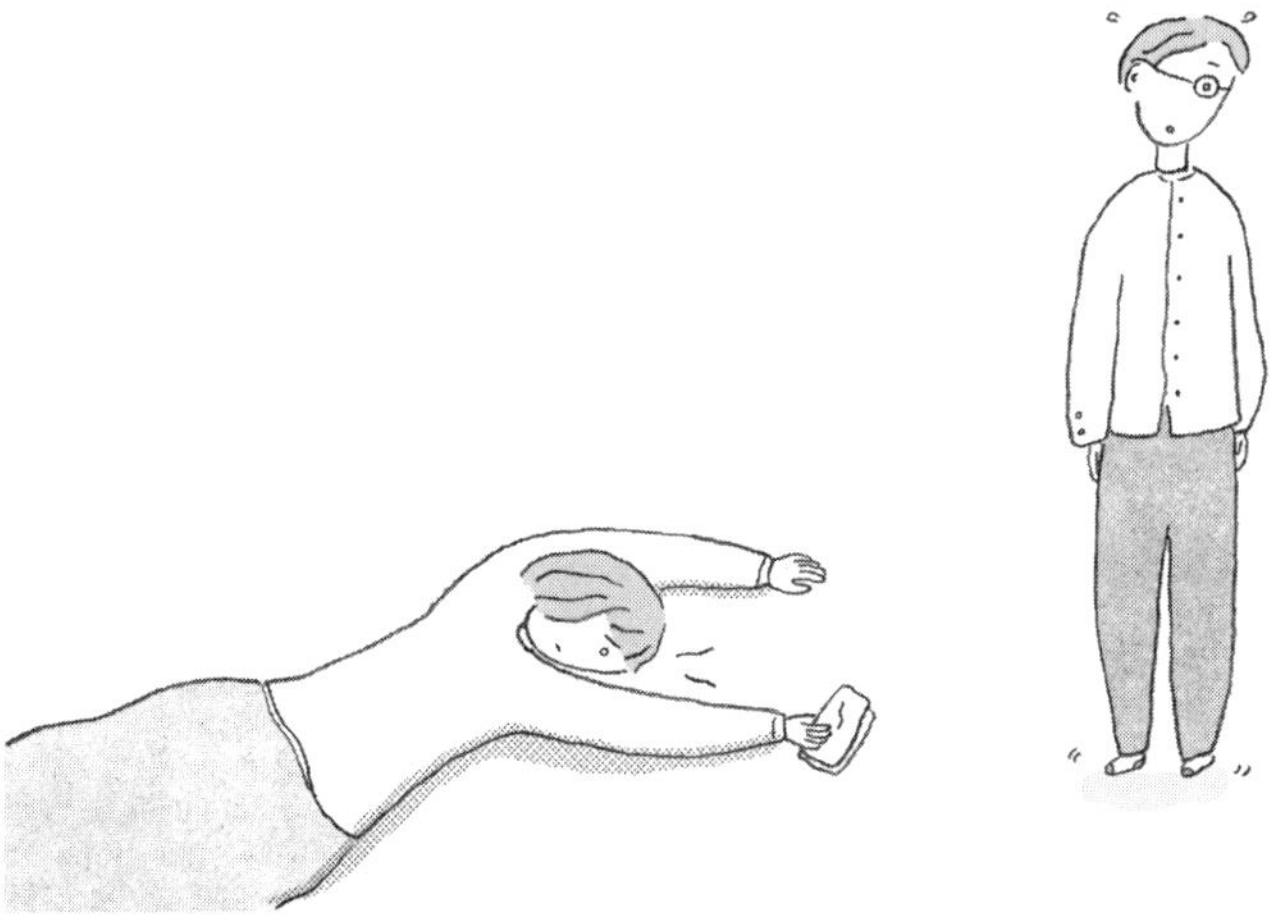

くてよかったですね」と声をかけられましたが、かすかな違和感を覚えたのでした。

ある日、Fさんは親友が不慮の事故で亡くなったとの連絡を受けました。ショックのあまり、食事が喉を通らず、意気消沈する日が続きました。彼女のことを思い、涙を流しているFさんの横で、夫は何事もないかのように読書をしていて、面白い箇所があるのか、時折笑い声を上げています。

その時、Fさんのなかで苛立ちの感情が生じ「私がこんなに悲しんでいるのに、あなたにとっては他人事なのね！」と激しい口調で夫に叫んだのでした。夫はきょとんとした顔をしています。声を荒らげてしまったことに罪悪感を覚え、「ごめんなさい。私、どうかしてるわ」とすぐに謝ったＦさんでした。

旅行が好きなＦさん。計画を立て夫に提案すると、「いいですね」と毎回同じ返事が返ってきます。当初は、計画を立てることも楽しく不満を感じることはなかったのですが、旅行先でも、すべてＦさんが主導し、夫はついてくるという構図に、物足りなさを感じる時もありました。

物足りない結婚生活

結婚し3年が経った頃、Ｆさんは結婚生活に満たされない思いを抱えていました。

夫は決められた家事分担をきちんと行う。夫は頼み事を嫌な顔をせずに受けてくれる。夫は話しかければ、聞いてくれる。

でも……夫に自発的なものを感じない。話を聞いてくれるが、聞いているだけのような気がする。何をするにも私から動き私が決めているような気がする。

モヤモヤする気持ちを友人たちに話しても「家事はするし話も聞いてくれるなんて最高ね。うちの夫と取り替えてもらいたいわ。それに、自分の好きなようにできていいじゃない。羨ましい」と言われます。その度に、「確かにそうかもしれない」と自分を納得させていたFさんでした。

仕事に面白さを感じていたため、当面の間子どもはつくらないと決めていたFさんですが、年齢のことを考えると、そろそろ考えたほうがいい時期かもしれないと、夫に意見を求めたところ、黙っています。即答できるようなことでもないと思いしばらく待ったのですが、返事がないため、もう一度「あなたはどう思う？」と問いかけると、石のように固まってしまいウンともスンとも言いません。しばらく様子を見ていましたが、10分経過しても同じ状態なので、「今じゃなくてもいいから考えがまとまったら教えてね」と困惑の気持ちを抱えながら夫に伝えたFさんでした。

30分後、夫は、何事もなかったかのように、夕食を食べ、担当である食器洗いをし、読書後就寝。数日経っても彼から意見を伝えてくることはありませんでした。

他の件に関しても、夫に意見を求めた際に同様な状況になることが多く、職場では見たことがなかった夫の一面に戸惑いと寂しさを感じるようになったFさん。再度友人た

具体例
課題を可視化
対策

ちに相談したところ「あなたの口調が強いから萎縮してるのかも」「あなたの好きにしていいということなんじゃない。愛されているのね」と言われてしまい、ますます気持ちが曇るのでした。

自分の悩みは軽いと感じてしまう

ある日、大学時代の同窓会があり、仲の良かった男友だちと久しぶりに再会。話題が尽きず、ふたりで二次会に行くことに。キャリア構築と子どもを持つタイミングで悩んでいることを話すと、「Ｆは昔から頑張り屋だったよね。きっと、仕事に真摯に向き合っているだろうし、親になるからにはきちんと責任を持ってやりたいって思ってるでしょ。だからこそ真剣に悩んでるんだよな。Ｆのそんなところ、俺はとってもいいと思うよ」と目を細めて笑いました。

その瞬間、Ｆさんは、肩の力が抜けるような、なんともいえない安心感に包まれ、思わず涙がこぼれました。

彼は、「Ｆにとってベストの答えはきっと見つかるよ」と言い、そのあとも、時折質問を交えながらFさんの話に耳を傾けてくれました。

Fさんは彼との会話のやりとりのなかで、「答え」がはっきりと見えてきたことに感謝するとともに、夫との結婚生活での満たされなさの輪郭がくっきりと浮かび上がってきたことを感じたのでした。

すがるような思いで、ふたりでいるのにひとりでいるような感覚に陥る夫との結婚生活のいくつかのエピソードを話すと、「もしかして旦那さん、発達障害の可能性があるかも」と言われたFさん。彼と別れた帰路に、スマートフォンで「発達障害」を検索しました。すると、夫は発達障害の1つ「自閉スペクトラム症」の特徴に多く当てはまることに気づきました。そして、記事を読むなかで知った「カサンドラ症候群」は、まさしく自分のことだと腑に落ちたのでした。

とはいえ、自閉スペクトラム症の根本的治療法はないことを知り、整理がつかない気持ちを持て余していたFさん。カサンドラの自助会があることを知り、解決の糸口が見つかるかもしれないと、集まりに参加しました。

今まで友人たちに相談しても、理解してもらえないどころか諭されてしまうこともあり、つらさを感じていたFさんですが、同じカサンドラ症候群の仲間との共感に癒やされ、ひとりではないことに心強さを感じ、継続的に参加することにしました。

参加すると気持ちが楽になる反面、夫からDVを受けている、夫が借金を繰り返すといったカサンドラの話を聞くと、「私の悩みは軽い」と感じます。

「夫はどこをとっても善良であり、もし夫が自閉スペクトラム症なのであれば、彼は彼なりの優しさで私を愛してくれている。それなのに、満たされない思いを感じてしまう自分はなんて心の狭い人間なのだろう」と自分を責め、罪悪感に苦しむようになったFさんでした。

夫を受け入れようと頑張るのですが、どうしてもつらくなってしまい、意図的に残業をし、帰宅時間を遅らせることもあります。

外で楽しそうに会話をしながら歩いているカップルを見ると涙が止まらなくなることが増えました。寄り添って話を聞いてくれた男友だちに会いたい気持ちが湧き上がってくることもあり、どうしていいかわからなくなったFさんは、私のカウンセリングルームの扉を叩いたのでした。

課題を可視化

他者の悩みと比較して苦しんでいる

「彼はお給料をすべて私に渡し、管理を私に任せてくれます。決められたお小遣いを超える散財はありませんし、ギャンブル、浮気、暴力もありません。真面目に仕事をし、それなりの評価も得ています。私の頼み事は嫌な顔をせずやってくれて、私は自分の思いどおりにできるんです。他のカサンドラに比べたら私は幸せ者です。なのに……」と言った途端に、Ｆさんは激しく泣き崩れました。

カウンセリングを行っていると、「他の人の悩みに比べたらたいしたことはない」とおっしゃるクライエントの方がいます。そして、「もう少し我慢してみようと思います」「頑張ってみます」と言葉を続ける方が少なくありません。

日本における、我慢や頑張りが美徳とされる風潮も影響していると感じます。

その我慢や頑張りに、健全な状態で取り組めるのであればいいのですが、心や身体にストレスによる症状が現れているのなら、さらに発破をかけることは避けるべきです。
人は、それぞれ違った、生い立ち、環境を生きています。その人の悩みは、その人の人生のなかで生じているものですので、他者の悩みとの比較は、意味がないのです。
それどころか、比較の結果、自分の悩みはたいしたことはないと判断し、その悩みに向き合うことをせず先延ばしにしていると、状況が深刻化する可能性もあります。
他者と比較せず、自分の悩みに向き合うことは、この世に1つだけの自分の人生に向き合い、自分の人生をよりよく生きようとすること、つまり、自分を大切にするということです。

「あなたよりもっとつらい人はいる」と言葉にする人への相談は避け、あなたの悩みを理解し伴走してくれる人を選ぶことが賢明です。

他者との比較に真の幸福はないのです。

対策

同僚と夫に求めるものは違うと認識する

号泣のあと、うつむいたまま沈黙が続き、しばらくして顔を上げたFさん。「他のカサンドラと比べると幸せだと思うのですね。けれども？」と問いかけると、「さみしくてさみしくてしかたがないのです」と再び目に涙を浮かべます。

そこで、他者との比較の無意味さをお伝えし、Fさんの幸せにつながる道を一緒に探しませんかと提案しました。夫との生活が寂しく、満たされない。そんなFさん自身の課題に向き合うことが大切だとお話しすると、真っ赤な瞳で「はい」と頷いたFさんでした。

私はFさんに、夫の良いところや好きなところはどこかを質問しました。

「穏やかで、裏表がなく、丁寧で礼儀正しく真面目なところですかね……。以前はそうだったと思います。ただ、今はそういったところを疎ましく感じることもあるのです……」

夫と感情の共有ができないことで、好きであったところが、ロボットの行動のように思えて、不気味にすら感じるのだと、苦しそうにFさんは語ります。

「夫は意図的に私を傷つけようとしているわけではありません。おそらく自閉スペクトラム症の特性ゆえでしょうから。それをわかっている上で彼を疎ましく感じてしまう自分は心が狭くて差別的だと、罪悪感を覚えます」とうなだれました。

一方で、友人や職場の同僚だったら、問題なく付き合えると言います。実際、結婚する前に夫が職場の同僚だった頃は、人として好感を持っていました。

となると、Fさんがパートナーに求める絶対条件は、職場の同僚との関係に求めるものとは違うということがわかります。絶対条件と聞いて考え込むFさんに、次のカウンセリングではパートナーに求める絶対条件を教えてくださいねと、お伝えしました。

2回目のカウンセリングにお見えになったFさんは、「夫を、友人や職場の同僚として見てみたら、以前のように彼の良さを素直に感じられ、罪悪感が少し減りました」と話しました。

具体例

課題を可視化

対策

「絶対条件という言葉が、自分のなかでとても大事なキーワードとして響いたので、じっくり自分の心と向き合ってみました。心が通い合えるという実感を持てる関係が私にとっての絶対条件です」

自分にとっての絶対条件が明確になり、夫からは得ることが難しいと感じたFさん。頭のなかに「離婚」という選択肢が浮上してきました。しかし、人としては善良な夫にそのことを伝えることに、さらなる罪悪感とためらいを覚えていました。

なぜFさんは罪悪感を抱いたのか？

罪悪感とは、社会のルールや道徳的な規範から外れた行動を取った時に自分を責める感情を指します。

罪悪感は、人としての成長につながることがありますが、時として「自分は悪い人間だ」「自分は加害者だ」という思いから、自分が幸せになることが許せなかったり、自分の人生のために今何をしたらいいのかという方向に思考が向きにくくなることもあります。そのため、気持ちの落ち込みが継続し、抑うつ状態を引き起こすこともあります。

離婚や別居を考えるカサンドラのなかには、罪悪感を覚える方が少なくありません。その場合、罪悪感の正体が何か、誰に対する罪悪感かを冷静に見つめてみましょう。明確になってきたら、対処法を考えましょう。

Fさんの場合は、次のような罪悪感を、夫に抱いていました。

・かつて夫に対し好感を持っていた部分が、自閉スペクトラム症の特性ゆえと頭では理解しているのに不気味で疎ましく感じてしまうこと
・規範的には非がない夫に対し、パートナーに求める絶対条件を得られないという理由で、婚姻関係の解消を申し出ること

つまりFさんは、夫を人として否定しているのではありません。夫に求める絶対条件である「心の通い合いの実感」を得られないために、拒否反応が出たのです。このような精神状態がまさしくカサンドラ症候群なのです。

その点を認識したことが、１つめの罪悪感の解消と次への行動の模索につながりました。

規範的に非がない相手と離婚するのはわがままではない

自助会に参加するようになってから約1年、Ｆさんは夫との結婚生活では絶対条件を得られないと判断し、婚姻関係を解消したいと思うようになりました。

しかし、次なる罪悪感がＦさんを襲います。パートナーに求める絶対条件を得られないという理由で、規範的には非がない夫に婚姻関係の解消を申し出ることが、果たして問題ないのだろうか、と。

良好なパートナー関係を築くためには、規範の遵守は大切な要素だと思います。しかし、自分の求める絶対条件が得られず、どうしても解消できないストレスをふたりの関係に感じるのであれば、離婚という選択は許されてもいいのではないでしょうか。

結婚して、暮らしをともにしたからこそ、感じること、わかってくることがあります。当初は愛を感じていたとしても、絆が深まらず、冷めてしまうこともあります。

民法第763条には、「夫婦は、その協議で、離婚をすることができる」とあります。つまり愛は必ずしも永遠ではないことが、法の基幹となっています。

フランス人は、愛がなくなれば離婚するといわれています。

日本では離婚に対する抵抗感は薄れてきたとはいえ、自分の気持ちに添った選択をすることに躊躇する方が多いように感じます。そのためらいの背後に罪悪感があるのなら、その正体を明らかにしてみましょう。

罪悪感に振り回されると、自分が「楽しい」「幸せ」と感じられる行動を選ぶことが難しくなり、人生がつらく苦しいものとなってしまいます。

結婚生活は人生の幸福度に大きく影響します。あなたは、あなたの人生のデザイナーです。人生をどのようにデザインするか？　幸せの在り方や生き方は、人それぞれです。自分を幸せにできるのは自分しかいないのです。

また、罪悪感には「加害者」「被害者」という構図が存在しますが、結婚生活に課題が生じた時、建設的な話し合いや着地点を見い出すためには、課題の当事者同士として向き合うことが大切です。

課題の当事者同士で向き合うことができれば、離婚が相手を人として否定することではないと、気づくことができます。性格や価値観などが合わず、夫婦生活にストレスを感じてしまうことは、誰にだってあります。お互いに歩み寄り、工夫をしても、夫婦関係を保つのが難しいこともあるでしょう。そんな時は、将来の幸せを考えて離婚を決断してもいいのです。

カウンセリングを通じて気持ちの整理がついたFさんは、結婚を解消したい旨をその理由とともに夫に伝えました。

夫はしばらく沈黙したあと「わかりました」と答えました。Fさんが双方に不利益にならないよう誠実な気持ちで作成した財産分与案にもすんなり同意し、協議離婚が成立しました。そのような反応をする人もいるとカウンセリングで伝えられてはいたものの、あまりのあっけなさに、拍子抜けしたFさんでした。

Fさんは新しいアパートに、夫は実家に引っ越すことになりました。引っ越し当日、「今まで本当にありがとう」とFさんが伝えると、「こちらこそありがとうございました。もしも何か困ったことがあったら遠慮なく連絡をください。私にできることは協力します」と答えた夫の律儀さを、素直に受け止めることができるようになっていたFさんでした。

「結婚したら添い遂げるものだという刷り込みがあったのかもしれません」とFさんは言います。確かに私たちの暮らす社会ではそうした価値観が根強く残っていますから、影響を受けるのも無理はありません。

「夫婦でいることを頑張りすぎていました。色々な価値観があるでしょうが、努力しても苦しい夫婦関係が続くのであれば解消したっていい。それは恥ずかしいことでも、悪いことでも、失敗でもない。夫に対する感謝の気持ちを取り戻せたことも含め、私の人生を悔いなく生きるための選択なのだと実感しました」とFさんは力強く語りました。

具体例

課題を可視化

対策

【悩み⑤】経済的不安

経済的には安定しているが、妻や子への寄り添いのない夫に疲弊

《本項目の内容》

家事をしない、妻の気持ちを考えずにセックスを強要する、子育てを押し付けるなど、自分以外に関心を持たない非人間的な夫に苦しむ方もいらっしゃいます。別れようにも、経済的な不安を抱いて夫婦関係を続けている方もいます。こんな時こそ、離婚に向けた準備や計画が、非常に重要になってきます。

具体例

セックスを強要する夫

「カサンドラ症候群でつらいんです」と40代半ばの専業主婦、Gさんが相談にお見えになりました。

Gさんと夫が出会ったのは友人の結婚式の二次会。席が隣同士だったことがきっかけで、お付き合いが始まりました。

自分とは真逆の、ポジティブで行動的、常に冷静な彼にGさんは惹かれました。両親の不和により家庭の雰囲気や親との関係が悪かったため、温かい家庭を持つことがGさんの夢でした。家族と仲の良い彼とならば理想の家庭を築くことができる、子どもが生まれたら自分の実家ではなく彼の両親に可愛がってもらおうとまで思っていたGさんでした。

優しく、職業や年収も申し分ない彼からプロポーズされた時、Gさんは心躍りながら即座に承諾しました。

しかし、そんな喜びも束の間で、結婚後すぐに彼は豹変しました。無表情になりあいさつや会話もほとんどしない彼の態度に困惑したGさん。理由を尋ねると「する必要があるの？」とすげない返事が返ってきます。

彼は決まった曜日にセックスを求めてきます。体調が悪く応じたくない時に理由を伝えて「明日にしよう」と提案しても「今日でなければ駄目だ」と言って引き下がりません。共稼ぎですが家事を一切やりません。お願いすると「俺はお前よりもかなり多く稼いでいる。だったら俺と仕事替わる？」と言われてしまいます。家事をやらない理由としてはしっくりこないのですが、自分の約2倍の年収がある彼に引け目を感じ、Gさんは何も言えなくなってしまうのでした。

そのうちGさんは妊娠。夫に報告すると「ミッションクリア！　出産よろしく」と言われ「私は子どもを生む道具？」と悲しい気持ちになりました。

悪阻が重いGさんを夫は労ることもなく、相変わらず家事もしません。

Gさんが夕食を作れず横になっていたところに帰宅した夫は「まだできてないの?」と不満げな様子です。「気持ち悪くて……」と青い顔をしているGさんを一瞥し、ひとりで食べに行ってしまいました。

「もしかしてこの結婚は間違いだった?」との思いがよぎりましたが、「子どもが生まれれば父性が芽生え変わるはず」と心に言い聞かせたGさんでした。

出産予定日が近づいたある日の夜、陣痛が始まったため、夫に「車で病院まで付き添ってほしい」と頼みましたが、「明日仕事だし、生むのは俺じゃないからタクシーで行けば」と言われてしまいました。しかたなく自分でタクシーを呼び、心細い気持ちでひとり病院に向かったGさんでした。

無事出産を終えた日の夜、仕事帰りに病院に立ち寄った夫は、Gさんと隣のベッドに寝ている子どもをちらっと見て「ミッションクリア」と呟き、Gさんへの言葉がけも子どもを抱くこともなく、病室を去っていきました。

隣の病室から聞こえてきた、「よく頑張ったね。ありがとう」と妻に優しく言葉をかけている夫の声に、暗たんたる気持ちになりひとり涙したGさんでした。

救いは、夫の両親が孫の誕生をとても喜んでくれたことでした。義父母の「跡取りを生んでくれてありがとう」「2人目も頑張ってね」という言葉には引っ掛かるものを感じましたが、義父母の世代の価値観なのだと聞き流すことにしました。

育児中も自分勝手な夫に疲弊

Gさんの期待は外れ、夫は「君に任せた」と言い育児に関わることをしません。

出産後3カ月過ぎた頃から、一時中断していた、曜日を決めたセックスが再開しました。数時間おきの授乳と夜泣き対応に追われ、くたくたのGさんはそれどころではありません。断ると「君は育児休業中。一日家で好きなように過ごせるだろう？　子どもが寝ている時は一緒に横になれるし」と言い引き下がりません。Gさんは毎回「早く終わってくれ」と頭のなかで唱えながら応じていました。

育児と家事に夫の協力が得られないこの状況で、仕事に復帰するのは困難だと感じたため、夫に「仕事を辞めざるを得ない」と伝えたところ、視線を合わせることなく「いいんじゃないの」とまるで他人事のような返事を返してきます。

そんな夫の態度もあり、第2子を妊娠する気持ちにはなれず避妊をお願いしましたが、夫は応じず、子どもが8カ月になった頃、第2子を妊娠。またしても「ミッションクリア」と呟いた夫に嫌悪感を抱いたGさんでした。

仕事を辞めたとはいえ、第2子を出産したGさんは、家事と年子の子育てに目が回るような忙しい日々を送っています。

帰宅するとソファに座りテレビを観ている夫に「食器を洗っている間、子どもたちを見ていて」とお願いしても「仕事で疲れているから勘弁してくれよ」と画面から目を離すことをしません。

Ｇさんが下の子をお風呂に入れていた時、リビングから上の子の激しい泣き声が聞こえてきました。夫が一緒にいるはずなのに泣き声は一向に収まりません。慌てて様子を見に行くと、子どもは椅子から落ちたようで、床に仰向けになって泣いています。夫はその側で椅子に座ってアイスを食べています。「どうして抱っこしてあげないの！」と叫んだＧさんに「食べてるアイスが溶けちゃうだろ」と夫はまったく悪びれる様子がありません。

夫の両親も友人も理解してくれない

出産後、曜日を決めたセックスが再び始まりました。疲労と触れられたくない気持ちから、夫に背を向け身を固くしていても「妻の役目を果たせよ！」と力ずくで迫ってくるため、そのうち抵抗する気力もなくなり、毎回、心を殺して応じているＧさんです。ある日「結婚して子どもはふたり、が俺の人生計画。ミッションをクリアしたので、避妊はしてやるよ」と夫に言われたGさんは言葉を失いました。

2人の子どもは神経質で癇癪持ち、食べ物の好き嫌いも多く手がかかるため、Gさんは毎日くたくたです。

義母に「少しでもいいので手伝うよう息子さんにやんわりと言ってもらえませんか」と相談したところ、「息子は結構稼いでいるでしょ。あなたは専業主婦なんだから、忙しい息子を支えてあげて。2人の子どもにも恵まれて理想の家族ね」と言われ、何も言い返せなくなったGさんでした。

疲れが溜まっているせいか風邪をこじらせ高熱のため寝室で動けなくなっているGさんに、夫は「俺にうつすなよ！」と怒鳴ります。朦朧とした意識のなかでGさんは涙しました。

家庭には無関心な夫ですが、家庭外の人には愛想が良く親切な態度を見せるため、ママ友や幼稚園の先生からは「いい人」に映っているようです。

ママ友たちに夫の愚痴をこぼすと、「優しそうなパパに見えるけど」「仕事がとっても忙しいのよ」「ウチの旦那も手伝ってくれないわよ」「男なんてそんなものよ」と言われ、どこの家庭も同じなのかなとも思うのですが、モヤモヤとした気持ちが残ります。

子どもたちは小学校に入ると、成績は抜群に良いのですが、友だちとなじめず「学校が楽しくない」と言い出しました。心配になったGさんは、子どもたちに合った校風の中学校へ進学させたいと考えました。子どもたちも受験に前向きでした。

Gさんはたくさんの学校を調べ、子どもたちの気持ちも聞きながら決めた私立中高一貫校の受験について夫に承諾を求めました。見栄っ張りのところがある夫は、偏差値が高い学校だからか「いいんじゃないの」とすんなりと許可を出しました。

子どもたちに対しては、温かい家庭をつくれない申し訳なさもありました。せめて、愛する子どもたちが自分らしさと才能を伸ばすことができる学校に合格できるようにと、Gさんは必死で受験をサポートしました。

嬉しいことに、ふたりとも志望校に合格。学校生活をいきいきと楽しんでいるふたりの様子に胸をなで下ろしたGさんでした。

その頃から、Gさんは夫の帰宅時間が近づくと動悸がし、一緒の空間にいることを今まで以上に苦痛に感じるようになりました。決められたセックス日は朝から気持ちが塞ぎます。夜は熟睡できず、倦怠感が取れません。

結婚をしていない友人からは「旦那さんがいると経済面でもメンタル面でも何かと心強いよね。羨ましい」と言われます。経済面では安定しているけれど、結婚してからのほうが孤独を感じるようになったGさんこそ独身の友人を羨ましく感じ、ふと離婚が頭に浮かぶことも多くなりました。しかし、毎回、経済的なことを考えると離婚は難しいという結論になってしまい、自分が蟻地獄に住んでいるかのような閉塞感を覚えるのでした。

ある日、子どもたちが巣立ったあとの夫とふたりきりの生活を想像したGさんは、背筋がゾッとし、激しい動悸に襲われました。そして、何か突破口はないか、なんとか離婚できないかと私のところに相談にお見えになったのでした。

課題を可視化

Ｇさんは夫から性的ＤＶを受けている

「優しさと共感がひとかけらもない夫からストレスを受けている私はカサンドラだと思うのです。毎日つらくて……。お金さえあれば子どもを連れて離婚したいんです」とＧさんはすがるような眼差しで私を見つめています。

夫との生活からＧさんが相当なストレスを受けていることは容易に想像できました。

Ｇさんが、一番苦痛に感じている性行為の強要については、夫婦間であっても、無理やり強要する、避妊に協力しないなどの行為は、「性的ＤＶ」に該当することを説明しました。

夫婦間でも性的同意は必要です。断ると相手が怒るのではないかと「ノー」と言えない状況下で応じている場合、同意を得たことにはなりません。

「夫婦だからしかたないと長年我慢してきました」と驚くＧさんに、「ＤＶ」は離婚理由に該当する可能性があるので、証拠として、日記などに性行為強要や罵倒、人格否定の言動を記録するように伝えました。

無理だと諦めずに離婚後の生活費を計算しましょう

Gさんは、経済的に離婚は難しいのではという悩みも抱えています。しかし、離婚後の具体的な生活費は計算していませんでした。

Gさんのように、離婚後の生活費のシミュレーションをせず、「お金のことが心配で離婚は無理」と諦めている方が少なくありません。しかし、夫とのストレスフルな生活を改善するには、離婚を含めた具体的な方策を考えることが大事です。そのためGさんにはまず、離婚後の生活費のシミュレーションをすることを勧めました。

支出については、新居（民間住宅、公営住宅）を探すのか、実家に住むのか、また、子どもに受けさせたい教育内容などによって、必要なお金は異なります。ご自身の状況や価値観と向き合いながら、計算してみましょう。

収入については、養育費や公的手当、財産分与のみでは生活に必要な金額に足りず、働くなどしてさらに収入を得る必要が生じるケースが多く見られます。

収入額によっては、支出項目の金額を見直す必要が生じてくるかもしれません。生活費についておひとりで考えるのが難しいと感じたら、公的相談機関を頼るという手もあります。厚生労働省のマザーズハローワークや、子ども家庭庁の母子家庭等就業・自律支援センター事業など、ご自身に合った相談先で、お話ししてみてはいかがでしょうか（支援先の詳細は253ページ参照）。

財産分与について

婚姻中に夫婦の協力により形成・維持されてきた財産であれば、名義を問わず、財産分与の対象となります。具体的には下記となります。

・不動産：持ち家の場合、離婚後にどちらかが住み続けるか、売却かにかかわらず、不動産会社などに依頼し、自分自身で査定額を確認することが重要です。また、住

収入

・給与
・公的手当（児童扶養手当など）
・養育費（参考：裁判所公表「養育費・婚姻費用算定表」）
・財産分与
など

支出

・住居費（賃貸住宅〈民間、公営〉、実家など）
・水道光熱費
・食費
・日用品費
・教育関連費（学費〈公立、私立〉、習い事、小遣いなど）
・通信費（インターネット接続料、携帯電話代、固定電話代など）
・交通費（通勤や通学のための定期代など）
・医療費
・被服費
など

宅ローンの残高の確認も必要となります。

・現金・預貯金
・自動車、貴金属など経済的価値があるもの
・保険
・退職金
・年金
・年金分割：夫婦が離婚をした場合に、夫婦どちらかの請求により、婚姻期間中の厚生年金または共済年金の分割を受けることができます。具体的な見込み額を確認するためには、請求者の

住所地を管轄する年金事務所に「年金分割のための情報提供請求書」を提出し「年金分割の情報通知書」を取得しましょう。ただし、年金分割後の見込み額を知ることができるのは、50歳以上の方または障害年金の受給権者のみとなります（参考：日本年金機構「離婚時の年金分割」）。

対策

うつの可能性があるため心療内科を受診

2回目のカウンセリングに見えたGさんは「シミュレーションしましたが、やっぱり無理そうです」と暗い表情です。

Gさんとしては、子どもたちの個性に合わせた教育を受けさせたいため、現在通学している私立の中高一貫校に離婚後も通わせたい、また、子どもたちが塾に入ることや大学進学を希望した場合、経済的な事情で断念させたくないという強い思いがありました。

実家に身を寄せることが難しいため、住居を借りることになり、その家賃も発生します。「そうすると、私が働くことが必要なのですが、体調が悪く難しい状態なのです」と肩を落とします。

お子さんたちが無事志望校に合格し、楽しく通学している様子にほっとしたGさんは、プツンと自分のなかで何かが切れたような気がしたそうです。夜は眠れず、一日中うつうつとした気分で、身体がだるく、めまいや急に冷や汗が出てくることもあり、夫がいない日中に横になっていることが増えてきました。

子どもが成長して手がかからなくなったり、進学や就職で家から独立していくタイミングで、意識が子育てから夫婦関係に向かうことは往々にしてあります。すると、老後を含めた今後の人生設計に対する課題が見えてきて、不安を覚えたりするものです。夫から受けた傷の記憶が蘇ったりして、うつ状態や不安感が強まるケースも少なくありません。

Gさんも、今まで我慢して抑圧し続けていた悲しみや怒りなどの感情が、心の許容量を超えてしまったのかもしれません。お子さんたちの受験を終えたタイミングで気持ちの糸が切れ、心身症状として一気に出てきたのでしょう。もしかしたら、更年期の影響もあるかもしれません。

こうした場合、経済的な課題はひとまず置いて、心身の回復を優先すべきです。Gさんの場合、セルフケアなどで対処できるレベルを超えていました。うつ病の可能性もあ

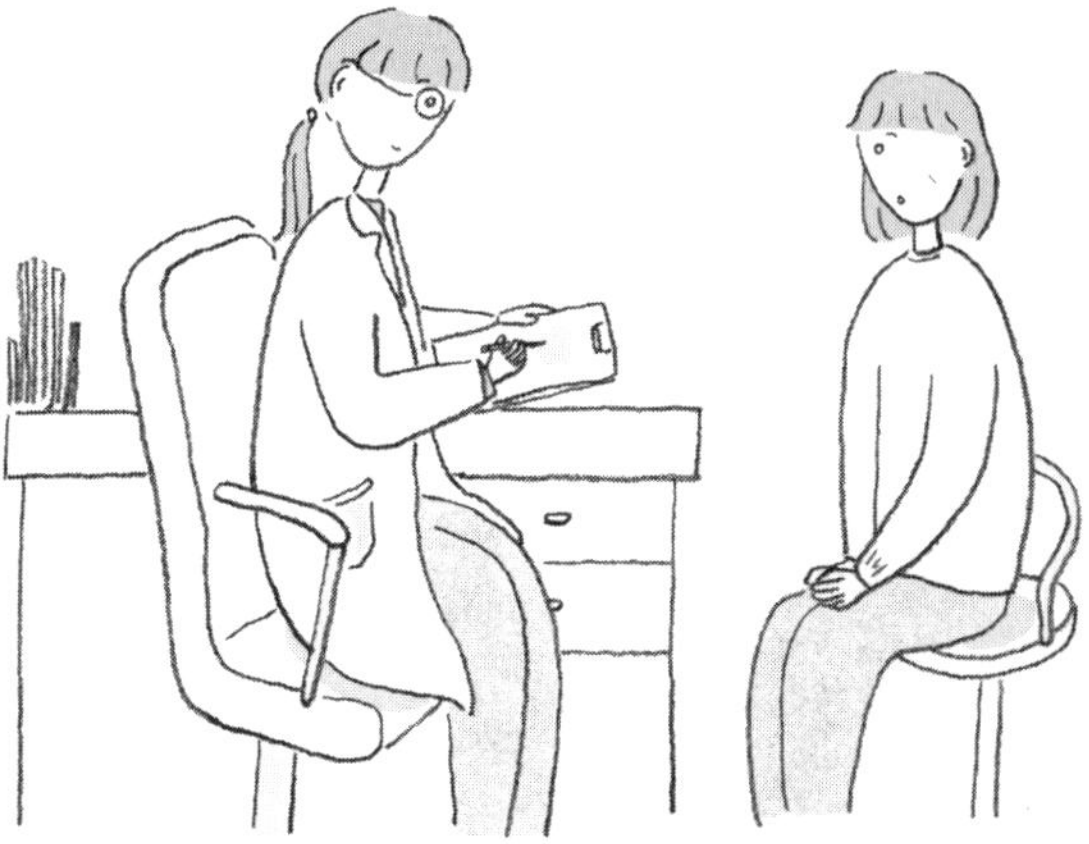

ります。

そこで、心療内科の受診を勧めました。離婚には準備の段階からエネルギーが必要です。話し合うことが難しい相手であればなおさらです。離婚に向けて具体的なステップを考えるのは、体調が安定した段階で十分です。

ただし、ＤＶによる身体の危険を感じる場合は、本人や子どもを守るため、早急に動くことが必要です。

夫の性的ＤＶから解放される

その後、Ｇさんは心療内科を受診。更年期も影響しているうつ病と診断され、服薬治療を開始しました。

主治医に、性行為を強要する夫と同じ寝室だと眠れないと相談したところ「すぐに寝室を別にしなさい」と言われたため、その旨を恐る恐る夫に伝えました。

腹を立てた夫は「恥知らずな女め！　ここは俺の寝室だから、お前はリビングで寝ろ！」とGさんの枕を床に叩きつけ、怒鳴り散らしていました。一方で、「やっと解放される」と胸をなで下ろしたGさんでした。

その後、リビングで寝ているGさんに夫が性行為を強要することはなくなりました。薬の効果もあり、なんとか眠ることができます。心は快晴とはいきませんが、雲がほんの少し薄くなりその上には太陽があるかもしれないと思えるようになってきました。

離婚の時期を具体化

初回のカウンセリングから1年半経った頃、友人たちに会ってみたい気持ちがかすかに湧いてきました。今まで外出といえば受診やカウンセリング、日常の買い物と子どもの学校行事がやっとでしたが、家事や育児の負担が減ったことで余裕が生まれたのでしょう。中断していた離婚計画を考える気力も戻ってきました。

離婚のタイミングは、下のお子さんが就職する年と決めました。子どもたちが自立すれば、支出の大きなウエイトを占めている教育費はなくなり、必要な収入額も低くなります。順調にいけばあと7年です。その7年後の目標に向けて、計画を立てることにしました。具体的な時期を設定したことにより、光が見えてきたと感じたGさんです。

ストレスを感じるパートナーとの生活も、「離婚」という目標があれば、しのぎやすくなります。漠然と離婚しようと思うよりも、具体的に時期を設定して計画を立てることで、人生を主体的に生きる意識が生まれ、ストレス耐性を高めることにつながります。

Gさんも、夫に心穏やかではいられないことが何度もありましたが、意識を「楽しいこと」「癒やされること」「熱中できること」に向けることで、気分転換を図りました。人と会いたいという気持ちが戻ってきていたので、友人に会う時間を持つことや、カサンドラ自助会への参加を勧めました。

また、離婚後の生活を具体的にイメージしてみることも勧めました。Gさんに離婚後の生活のイメージを聞いたところ、「毎日のびのびと笑顔で暮らしていると思います」

具体例
課題を可視化
対策

と目が輝きました。こうした努力が、7年後の目標達成に向けたモチベーションの維持に大いに役立つことになりました。

就職も弁護士への相談も計画どおり実行

Gさんは元看護師でした。そこで、下のお子さんが大学に入る頃にまずは短時間勤務を始めて、徐々に慣らしながら、最終的に必要な収入を得られる勤務形態とする、それまでの間は、体調回復を第一に考えることにしました。

計画どおり、近所のクリニックで週に2日、Gさんが働き始めると、夫は「家のこと、手抜くなよ」と冷たく言い放ちましたが、以前のような強いストレスを感じることはなく、聞き流せるようになっていました。カサンドラの仲間たちのつながりと、趣味で始めた絵手紙、そして、離婚という希望が支えとなっていたためです。

弁護士には、上のお子さんが就職し、下のお子さんが大学4年生になった頃に相談しました。信頼できると感じた弁護士から勧められたのは、調停です。相互の話し合いが困難な場合、とられることが多い手段です。調停調書（離婚調停の双方の意思に基づく合意内容が記載された文書）には「強制執行力」があるため、夫が約束を守らない場合、「強制執行」が可能となることもメリットです。

また、財産分与の試算も行いました。不動産会社に家の査定を依頼します。分割後の年金見込額把握のため、年金事務所から「年金分割の情報通知書」も取得しました。

その頃には体調は安定し、勤務も週3日になっていて、クリニックからは勤務日数を増やしてもらえると助かると声がかかっています。

下のお子さんの就職内定が出たタイミングで、Gさんが子どもたちに離婚を望むことを打ち明けると、ふたりとも理解してくれました。家庭を顧みない父親とは心の距離があった一方、母親であるGさんと子どもたちは、心が通い合っていました。

上のお子さんはひとり暮らしで、下のお子さんも就職を機に独立したい気持ちを示したため、Gさんはひとりで暮らすための民間アパートを探し始めました。

具体例
課題を可視化
対策

諦めずに離婚を実現して満たされるGさん

一緒に伴走してくれると感じた弁護士と契約し、離婚調停と婚姻費用の分担請求調停の申立てを行うことに決めました。

下のお子さんの独立後ほどなくして、「これ以上一緒に暮らすことはできません。今後の連絡は弁護士にお願いします」と書いた置き手紙を残してGさんは家を出ました。当日は、子どもたちがレンタカーを借り、荷物の運搬を手伝ってくれました。

調停で夫は反省しているかのような態度を見せ、離婚を頑なに拒否しました。過去に性行為の強要をしたことはあったが何年も前から妻の意思を尊重している。仕事が忙しく家庭を顧みる余裕がなかった、申し訳ないと思っている。そんな言葉を聞いて、調停委員の前だから取り繕っているのだろうと苦々しく思うGさんでした。

残念なことに、調停は不成立となりました。そこで、別居を続けてある程度の期間をおいてから、再度離婚調停を申立てることとしました。

離婚にあたって、計画どおりに進まないこともままありますし、その時にくじけそうになるのは自然な心理です。そこで、助けになるのは、「幸せになるために離婚をする」という信念と友人や家族、専門家など支えになる人の存在です。

調停で取り決められた婚姻費用を受け取りながら、別居を続けたGさん。3年が経過した頃、再度調停の申立てを行いました。

すると、どういう心境の変化か夫は離婚に応じ、納得できる財産分与の支払いを受けることができました。カウンセリングにお見えになってから約12年の年月を経て、Gさんは自らの願いを叶えたのでした。

「離婚までは長い道のりでしたが、幸せなゴールに向けて計画を立て、時には立ち止まりながら、自分のペースで歩んできた軌跡を勲章のように感じています。結婚を後悔していた時期もありましたが、子どもたちを必死で育て上げたことは何よりもの財産です。このタイミングの離婚が、私にとってはベストなのだと心から思います」

50代後半に入ったGさんは、初めてお会いした時よりも若々しい笑顔で微笑みました。

具体例
課題を可視化
対策

【悩み⑥】アダルトチルドレン

感覚過敏な夫とはセックスレス 情緒的交流はないが別れるのは不安

《本項目の内容》

ストレスだらけの家庭で育って生きづらさを抱えている人を、アダルトチルドレンと呼びます。アダルトチルドレンのカサンドラは、そうでないカサンドラと比べて心的なダメージを負いやすい傾向にあります。まずは自分の心と向き合い、自己肯定感を上げるのが先決です。

具体例

父親から虐待を受ける日々

発達障害と診断されている夫と結婚して5年という、30代半ばの専業主婦、Hさんが相談にお見えになり、「話を聞いてください」と無表情で語り始めました。

Hさんは父親から、「目つきが気に入らない」「態度が悪い」などの理由で、殴られたり、数時間正座をさせられたり、ベランダに出されたりなどの虐待を受けて育ちました。父親の気分により責め立てられ、自分の何が悪いのか具体的にはわからないまま、常に父親の顔色を窺い、びくびくして過ごす毎日でした。

虐待の対象は、日によって、それも父親の気分でHさんか弟かのどちらか一方になります。弟がターゲットになった日は、弟をかわいそうに思う気持ちはありましたが「よかった。今日は殴られなくて済む」とほっとするのでした。

父親は母親にも暴力を振るっていて、母親の身体には、Ｈさんと弟と同様、洋服で隠れる部分にアザがありました。

母親は、Ｈさんと弟に「あんたたちがいるから、離婚できないんだよ！　生むんじゃなかった！」と苛立ちながら愚痴をこぼし、Ｈさんと弟が殴られている場にいても、まるで他人事のように振る舞うのでした。

母親に対する申し訳なさと父親に怒られたくない気持ちから、いい子になろうと頑張ってきたＨさんでしたが、両親から褒められることは一度もなく、「自分は悪い子で駄目な人間だ」と思うようになりました。

朝目覚めると「今日は自分がターゲットになりませんように」と願い、両親に反抗することもなく、もちろん自分の気持ちを表に出すこともなく、日々を生きてきました。
そのうち、殴られている時は、自分の身体が自分のものではないような感覚に陥り、痛みをあまり感じなくなりました。

家庭で起きていることを、友人や学校の先生に話すことはありませんでした。Hさんは、自分が育ったこの家庭しか知らず、家庭外に助けを求めることなど思いつきもしませんでしたし、そもそも「生まれてこなければよかったできそこないの自分」のことなど他者に話す価値はないと感じていました。

父の死後も居心地の悪い家庭と職場

高校を卒業し、小さな会社の事務員として働き始めた頃、父が交通事故で急死。「もう殴られなくて済む」とほっとした以外に何の感情も湧きませんでした。その時、たまたま目にしたテレビ番組で「虐待とＤＶ」のことを知り、我が家に起こっていたことはこれだったのだろうかとぼんやりと感じたのでした。

具体例
課題を可視化
対策

父親から殴られることはなくなりましたが、今までおとなしかった弟が急に乱暴になり、気に入らないことがあると、Hさんと母親を殴るようになりました。高校卒業後、トラック運転手になった弟は、そのうち帰ってこなくなりました。

すると、家には母親の恋人が出入りするようになり、Hさんの身体を舐め回すように眺め、すれ違いざまに身体に触れてくるのでした。

Hさんは職場でも周りの顔色が気になり、自分の意見や気持ちを言えず、上司や同僚が話している時は聞き手に徹し、理不尽に仕事を押し付けられても「ノー」と言えず、自分だけが残業をしている日も多くありました。

ミスをしたら「制裁」を受けるのではという恐怖から常に緊張状態で、帰宅するとぐったりしてしまいます。楽しそうに話している社員の輪の外にいると感じていることもあり、Hさんにとって職場は決して居心地の良い場所ではありませんでした。

心の落ち着く相手から発達障害だと告げられる

ある時、Hさんが勤めている会社に、新しい清掃員が入り、仕事がとても丁寧だと評判が立つようになりました。

Hさんがマグカップを洗うため給湯室に行くと、その清掃員がシンク周りを掃除していました。丁寧な作業の様子に目を奪われついつい眺めていたところ、彼が後ろを振り向きHさんの目をじっと見つめたため、ドキッとしたHさんは、手に持っていたマグカップを床に落としてしまいました。割れたマグカップを無言で片付けた彼は「お詫びのしるしにごはんをおごります」とペコリと丁寧なお辞儀をするのでした。

そのことがきっかけとなり、休日にふたりで会うようになりました。

彼は大好きなアニメの話をします。穏やかで、手を上げることもないため、Hさんも少しずつ自分の趣味などのことを話せるようになりました。彼は話をじっと聞いてくれます。毎回同じファミリーレストランでランチを食べながら過ごす彼との時間は、今まで経験したことのない心が落ち着くような感覚をもたらしました。

「発達障害の診断を受けていて、精神障害者保健福祉手帳の3級を持っていて、今の会社には障害者雇用枠で就職した」と彼から聞かされたHさんは「発達障害という障害があるのだ」と初めて知りました。ただ、正社員として真面目に仕事をしており、自分の話に耳を傾けてくれる彼が、なぜ障害者雇用枠で働いているのか、今ひとつピンときませんでした。

安心な暮らしができそうだと思って結婚したが…

一緒にランチをするだけで手をつなぐこともない関係が1年続いた頃、いつものファミレスで、彼から「結婚しませんか」と言われました。

咄嗟に「この機会を逃したら一生結婚できないかもしれない」「母親の恋人が出入りしている実家から出たい」「彼と結婚したら会社を辞められるかもしれない」と思ったHさんは、彼のことは嫌いではないし、怒鳴られたり殴られたりすることなく暮らせるだろうと、彼の申し出を受けることにしました。

結婚を機にHさんは、彼の住むアパートに引っ越し、仕事を辞めることになりました。実家や職場でのストレスがなくなったHさんは、これから一生穏やかな日が続くのだと安堵した気持ちから、夫となった彼と一緒に暮らし始めた初日の夜、隣に寝ている夫の手をそっと握りました。その途端、夫は手を引っ込め「ごめん。僕、手をつなげないんだ」と申し訳なさそうに謝ります。発達障害の特性の1つである感覚過敏があり、子どもの頃から触られるのが苦手で、特に肌と肌が触れ合うと痛みと不快感でパニックになるのだと説明するのでした。

夫が発達障害であることを知った上で結婚したのだし、障害による特性ならばしかたがないと「これからは、触らないようにするね」と笑顔で夫を見つめたHさんでした。それ以来、手をつなぐことはもちろん、キスもセックスもありませんでした。

夫は、お給料はすべてHさんに渡し、昼はHさんの作るお弁当、Hさんと同様に友人はおらず外食することもありませんので、お小遣いは少額でいいと言います。Hさんの作った食事を「ありがとう」と言いながら美味しそうに食べると、それ以外の時間はほとんど大好きなアニメ番組を観ています。「君が好きなように過ごしてね」と言うので、Hさんは、家事を済ませると、読書をしたり音楽を聴いたりしています。

また、Hさんにとって、出産の選択肢はありませんでした。夫とはセックスができませんし、ニュースで虐待の連鎖を知ってからは、子どもをきちんと育てる自信を持てませんでした。

彼の給料は決して高くはありませんでしたが、子どもがおらず、つましい暮らしぶりのふたりにとっては十分なものでした。

寂しさを感じるようになったHさん

物心ついた時から緊張の世界にいたHさんは、初めて経験する何者にも脅かされない生活に当初幸せを感じていましたが、結婚して3年が経過した頃からうっすらと寂しさを感じるようになりました。

夫に、本や映画などの感想を話すと、結婚前と同様にじっと聞いてくれます。しばらくはそれで満足でしたが、今は物足りなさを感じます。夫に「私の話を聞いて何を感じたか話してもらいたいな」と伝えたところ「話してくれた内容は理解できるけれど、何も感じないので話せないんだ。発達障害の特性によるものだと主治医に言われたよ」と申し訳なさそうです。

そんな時、結婚して以来疎遠にしていた母親が泥酔状態で電話をかけてきて「付き合っていた男に捨てられた！」と泣きわめいています。すると、実家での暮らしの記憶が蘇ってきて、激しい動悸を覚えたHさん。思わず電話を切り、そばにいた夫の背中にしがみついたところ、突き飛ばされてしまいました。夫は頭を抱えうずくまっています。

触られることが苦手な夫に申し訳ないことをしてしまったとHさんはすぐに謝りました。夫はHさんを責めることはなかったものの、「今はひとりになりたい」とふらふらと寝室へ入って行きました。

夫が落ち着いた頃を見計らって、虐待を受けていたことと、母親からの電話で記憶が蘇り、苦しい気持ちがまだ続いていて落ち着かないことを話したところ「僕は体験していないからわからないよ」と言われてしまいました。そして、夫は何事もなかったかのようにアニメ番組を観て笑っています。

それからというもの、Hさんは、夫と気持ちの通じ合いや触れ合うことでの安心感を持てない寂しさを感じる自分に罪悪感を覚え、誰かに話を聴いてもらいたいと、私のところにお見えになったのでした。

課題を可視化

アダルトチルドレンゆえの低い自己肯定感

「夫からの暴力や暴言はありませんし、結婚する時に、嫌だったら仕事は辞めていい、なんでも好きなようにしていいと言ってくれました。ありがたいことにそれは今でも変わりません。結婚してしばらくは、安全な場所で過ごせる毎日にホッとしていたのです。夫が発達障害なので、気持ちを通い合わせる会話や身体の触れ合いは無理だと頭では理解しています。それなのに、今の私は、心の触れ合いや肌を重ねるぬくもりを欲しがり、手に入らないことを寂しく思う欲張りなひどい女です」とHさんは抑揚なく話します。

自分の気持ちに罪悪感を抱くHさん。加えて、どうすればいいのかわからないと言います。

「夫といれば自分が働かなくても生活には困りません。対人関係が苦手で、仕事をする自信がないのです。夫は、反応はありませんが話は聞いてくれます。夫と離婚したら話を聞いてくれる相手は誰もいないのでひとりぼっちになってしまいます。経済面でもひとりで生きていく自信はありません。こんな私と結婚してくれた夫に、離婚してくれなんて、恩人を裏切るも同然です。でも今のままでもなんだか苦しくて……」

Hさんのような方は、アダルトチルドレンと呼ばれています。

アダルトチルドレンとは、元々は、1970年代にアメリカでアルコール依存症治療の現場で、アルコール依存症の親の元で育てられた子ども「Adult Children of Alcoholics」という意味で使われていた言葉です。その時代から、親がアルコール依存であった場合、子どもの人格形成に大きな影響を与えるリスクがあることが明らかになっています。

現在では解釈が広がり、アルコール依存症の親の元で育った人だけでなく、「機能不全家庭（安全な場所として機能しない家族、ひとりひとりの人格や個性が尊重されない家族）のなかで育ち、そのためにさまざまな人間関係の問題や、生きづらさを感じている人たち」のことを指すようになりました。

アダルトチルドレンの特徴は、自己肯定感や自尊心の低さにあります。それゆえに、

・ありのままの自分でいいと感じられない。低い自己評価
・良い妻、良い母、良い子を続けられない罪悪感に苦しむ
・自分自身の感情や気持ちよりも他者優先
・自分自身の感情を感じられなくなっている
・必要以上に他者の顔色を窺う
・自分の意見を言えない
・相手に迎合してしまう
・他者に支配（コントロール）されている
・誰かのために生きることが生きがいになっている
・精神的なしがみつきと愛情を混同している
・他者を信じられない
・居場所のないような孤独感に苦しんでいる
・抑うつ状態、うつ病、不安障害、パニック障害、強迫性障害、適応障害等の精神疾患を抱えている

ストレスを抱えやすく、精神疾患にかかるリスクも高いと言われています。

カウンセリングや支援活動を通じて出会った数多くのカサンドラのうち「機能不全家庭に育った」と訴える方は少なくありません。その方々には、上図のような状態が見られます。アダルトチルドレンではないカサンドラと比べ、状況が深刻化しているケースが多いと感じています。その要因として、以下の点が挙げられます。

◎自己犠牲的

他者から必要とされることで自分の存在意義を確認しているため、夫や子どもなど他者に対し必要以上に尽くしたり、心身の限界を超えていても頑張り続けてしまったりして、消耗・疲弊してしまいます。

◎強い自己承認要求
親からありのままの自分が認められる経験を持てなかったため、「自分をまるごと受け入れてもらいたい」「自分を理解してほしい」と望み、夫に対し、愛情やつながり、一体感を強く求める傾向があります。しかも、夫に発達障害特性がある場合、妻は自分が求めるレベルの「愛されている実感」を得にくいこともあり、より強い欲求不満状態に陥ってしまうのです。

◎孤立しやすい
健全な人間関係の構築が難しく、信頼できる友人がいなかったり、他者にヘルプを求めるのが苦手だったりすることから、心理的、社会的に孤立しやすい傾向があります。

自己肯定感
能力に関係なく無条件に自分の価値や存在を肯定できる気持ち

自己効力感
カナダ人心理学者アルバート・バンデューラが提唱した概念。何らかの課題に直面した際や特定の状況において、「自分ならできるのではないか」と思えること

アダルトチルドレンである妻は、カサンドラ症候群に陥りやすく、重篤化しやすいと感じています。

そのようなアダルトチルドレン・カサンドラの場合、状態によっては、カサンドラから脱却するための行動を取ることは難しい可能性があります。

そんな方はまず、アダルトチルドレンからの回復に力点を置いたほうがいいかもしれません。アダルトチルドレンからの回復とは、たとえば、以下のようなものです。

- 自分の感情を取り戻す
- 私はどうしたいかを自己決定できるようになる
- 自己効力感（私には達成できるという感覚）を持つ
- 自己肯定感を高める

対策

まずはアダルトチルドレンから回復する

Hさんは、親から暴力や否定、面前DV（子どもの目の前で配偶者や家族に対して暴力を振るうこと）などの虐待を受けながら育ちました。そのせいで「自分は価値のない人間だ」と思い込んだまま大人になり、自己肯定感や自己効力感が極めて低い状態にありました。

また、親の顔色を窺いながら育ち、感情を抑圧し続けたことで、自分の感情を感じ取りにくい傾向も見られます。現段階で「自分はどうしたいか」という意思を持つことや行動を起こすことは難しいように感じました。

そこでまずは、自分を取り戻すためにアダルトチルドレンからの回復アプローチを試してもらうことになりました。その主なものを次ページから記載しているので、気になる方はお読みください。

回復アプローチ① 傷を自覚する

虐待を含む機能不全家庭で育った子どもは、生き延びるために、自分の感情を抑え、その環境に適応しようとします。心に傷を受けていることを認識できない子どももいます。抑え込んでいた感情は、大人になっても消えることなく心の奥にくすぶっていて、何かのきっかけで蘇り、強い不安やパニックなどを引き起こすことがあります。

傷を受けた自覚がなく、どのような傷を受けたのかを認識していない場合、適切な手当はできません。

そこでまずは、否定されず受け止めてもらえる安全な場所で、ご自身のくすぶりを語りましょう。十分に悲しんだり怒ったりなどしながらの語りは、心に傷を受けたことを認識し、抑圧された感情を解放することにつながります。友人、カウンセラー、医師、自助グループなど、ご自身に合った場所をぜひ探してみてください。

その過程で自分は悪くなかったことを理解し「その時自分は何を感じていたのか？」「その時自分はどうしたかったのか？」に気づくことは、自分の主体性を取り戻していく出発点にもなります。

回復アプローチ② 傷の影響を知る

癒えていない心の傷は、今の自分に影響を与えます。自分が受けた傷を認識したならば、手当をしましょう。

まずは、過去の体験が、今の自分の「自己認識」「物事の受け止め」「考え方のくせ」などの認知にどのように影響しているか明らかにしましょう。

次に、その認知が今の自分の生きづらさを生み出しているのであれば、変えていきましょう。

たとえば、子ども時代にきょうだい差別を受けた場合、「自分は親に愛されていない」「自分は価値がない人間だ」と自己否定感を持つことがあります。すると、相手に好かれようと無理をしたり、嫌なことでも断れない、相手の言いなりになったりと、自身の気持ちを抑え込み、ストレス過多な日々を送るようになります。

低い自己肯定感は、過去の環境の影響を受けていると意識し、今の自分自身を客観的に見つめて、捉え直していきましょう。ひとりで取り組むことが難しい場合は、医師やカウンセラーなどの専門家の力を借りましょう。

もちろん、長い間持ち続けてきた認知を変えるのは、簡単なことではありません。意識しないと元に戻ってしまうこともあります。時間をかけて手当していくことが大切です。

回復アプローチ③ 健全な人間関係のつくり方を学ぶ

次に、健全な人間関係を構築する練習にトライします。健全な人間関係とは、自分を大切にし、相手も同じように大切にする（尊重する）という認識をお互いに持つ、対等な関係を指します。練習にあたり、自分の気持ちや意見を、相手の気持ちも尊重しながら伝えるアサーティブ・コミュニケーションを活用することが効果的です。方法は、以下のとおりです。

❶伝えたい自分の気持ちや意見、要望などを明確化する
❷これを言ったら「相手は気を悪くするのではないか」「嫌われるのではないか」という考えに囚われない
❸「私」を主語にしたアイメッセージで伝える

すぐにうまくはできないかもしれませんが、伝えやすい場面で少しずつ練習していきましょう。回復アプローチ①②と同じく、ひとりでは難しいと感じる方は、精神科医やカウンセラーなどの専門家に相談したり、アダルトチルドレンの自助グループに参加してみましょう。

過去を変えることはできませんが、今これからを変えていくことは可能です。主体性を持った小さな積み重ねが、自分や周囲との関係を心地良いものに変えていくのです。そして、誰もがその力を持っているのです。

両親に対する本当の感情を取り戻したＨさん

初回カウンセリングの場でＨさんが語った内容は、殴られたなどの「受けた行為」が中心でした。そこで２回目以降のカウンセリングでは、虐待時の気持ちを整理するために、感情の面も含めて話していただくことにしました。

２回目のカウンセリングでは、当時の感情をどうしても思い出せず、初回の時同様、無表情で生い立ちを話すＨさんでした。

しかし、カウンセリングの回を重ね、数多くの体験を語っていくうちに、怒りの感情が湧いてくるようになりました。「うちの両親は毒親だ」と強い口調で話す場面も見られるようになります。

そしてある日、語りながらハンカチで目元を拭い「どうして涙が出るんだろう」と呟いたあと号泣し始めました。

「ぎゅっと抱きしめてもらいたかった。頭をなでてもらいたかった」と子どもに戻ったかのような様子で泣きじゃくるＨさん。その日の帰り際、「私、初めて泣きました」と真っ赤な目ではにかんだような笑顔を見せました。

その後、少しずつ表情が和らいできたHさん。今の自分の自信のなさは、子ども時代の親との関わりのなかで植え付けられたものだと認識し始めました。

少しずつ人間関係も仕事も充実させていく

自分の感情を取り戻してきたこともあり、Hさんは夫との満たされない関係を日に日に意識するようになりました。しかし、相変わらず「対人関係が苦手で、働くことにためらいがあり、経済的自立が難しいので離婚はできない」と言います。

そこで、身近な人間関係の場で、対等な関係を構築する練習にトライしてもらおうと考えました。成功体験が自信につながるためです。夫以外の人とは交流がないHさんでしたので、まずは練習として習い事を始めることを提案してみました。すると、「子どもの頃にやりたかったけれどできなかった着物の着付けを習ってみようかな」と前向きな姿勢を見せ、ほどなくして通い始めました。加えて、アダルトチルドレンやカサンドラの自助会にも、参加するようになります。

カウンセリングを受けながら、同じ着付け教室に通うメンバーや自助会の参加者との交流も持つようになったHさん。小さなトライを積み重ねながら、人間関係の距離の保ち方やコミュニケーションの術を、身につけていきました。時にはうまくいかず落ち込むこともありましたが、諦めることなく続けた結果、生まれて初めて友人や仲間と呼べる人たちとのつながりを持てるようになったのです。

初回のカウンセリングから3年が経過した頃、Hさんは「やってみたいと感じたので挑戦してみることにしました」と週2日カフェのホールスタッフのアルバイトを始めました。「高校卒業後に勤めた職場と違って居心地が悪いと感じる場面は少ないですし、お客さんに明るく笑顔で接している自分がなんだか不思議で嬉しいです」と語ります。勤務先の男性社員たちとの、夫とは交わすことのできない双方向のコミュニケーションをとても楽しく感じることもあり、この頃から、真剣に夫との今後を考えるようになりました。

将来を自分で決められるようになったHさん

Hさんの将来設計のために、結婚を継続した場合と離婚した場合、双方の生活をシミュレートしてもらいました。心理面・経済面で、どちらが満たされた生活をできるか。その結果、「このままずっと満たされないと感じながら夫と暮らすよりも、離婚してひとりで生活したい。そして、ご縁があれば焦らず見極めた上で心が通じ合うパートナーを持ちたい。今の私ならばそれができるかもしれない」と決めたHさんでした。

その実現のために、Hさんは思い切ってフルタイムの仕事に転職。そして、1年が経過した頃、「あなたのことは嫌いではないけれど、これからはひとりで生きていきたい」と夫に告げたのでした。

夫は、きょとんとした顔でHさんの顔を見つめたあとに「わかった」と言い、アニメ番組を観始めました。それでも、夫に対して寂しさや怒りを感じることはなく、これが彼でありそれでいいのだと受け止めたHさん。自分を卑下することもなく、「今までありがとう」と感謝の気持ちも伝えました。

協議離婚後、結婚後に貯めた貯金の半分を財産分与として受け取り、ひとり暮らしを始めたHさんは、夫と暮らしている時に感じていた寂しさがなくなっていることにふと気づきました。

親以外の人々との温かいつながりを感じてもらいたい。そんな思いから、月に1回程度児童養護施設のボランティアをするようになり、夏には施設の子どもたちにゆかたの着付けを行いました。

「私は生まれ変わったような気持ちです。ただ、カウンセリングを受ける前の自分も自分であり、その傷ついた経験とそこからの再生のおかげで、同じような経験をした子どもたちに寄り添えるのかもしれないですね。そう考えると、あのつらい体験や元夫との出会いと別れにも意味があったのだと思えるのです」とHさんは穏やかに語りました。

第5章

浮気性のパートナーとの別れ方

【悩み⑦】性の価値観の違い

他の女性と浮気を繰り返す夫指摘すると離婚を切り出されたが…

《本項目の内容》

浮気をやめてほしいと言ったら、離婚を切り出された。しかし夫とこれまでの生活は捨てたくないから、離婚はしたくない。夫にこそ、気持ちと行動を入れ替えてほしい。本項目で紹介するのは、そんな願いを抱く女性です。このようなケースでは、自分が相手に抱いている感情の正体をつきとめるのが大事です。

具体例

気になる相手は芸術家

40代のIさんが「夫の浮気に悩んでいるのです」と相談にお見えになりました。

Iさんと夫は木工職人で、工房を構えています。

Iさんは、美大を卒業後、家具メーカーで働いていました。10年経った頃、仕事で、ある木工職人の工房兼住居に打ち合わせに行った際、出迎えてくれた工房主に一目惚れ。「木の声を聴くことを大切にしています」と木材を愛おしそうになでながら創作についての思いを語る彼の姿にさらに胸が高鳴り、その勢いで「迷惑でなければお手伝いをさせてください」とお願いしたところ「木を愛する人であれば大歓迎です」とすんなりと了解を得ることができました。

Iさんは、仕事が休みの日には彼の工房に出入りするようになり、創作に打ち込んでいる彼の姿を眺めながら、掃除や細々とした雑用をこなしていました。木に向き合っている彼の姿、彼の感性や作品、彼のすべてが大好きで、これがまさしく「惚れた」という感情なのだと熱に浮かされたような状態でした。

彼の料理の腕前はプロ級で、Ｉさんが工房を訪れた日は手料理でもてなしてくれます。食材や盛り付け、器にもこだわりがあり、美味しく美しい料理が彼の作品である屋久杉の一枚板テーブルに並びます。そんな彼にますます惹かれていくＩさんでした。

ある日、彼から「子どもの頃から集団行動が苦手で学校に馴染めず、中学生の頃不登校になり、両親に連れて行かれた病院でアスペルガー症候群だと診断された」と打ち明けられました。

アスペルガー症候群については、「空気が読めない」「一芸に秀でている天才もいる」というイメージしか持っていませんでした。彼と一緒に過ごす時間に何ひとつ問題を感じていないＩさんは特段気にはならず「打ち明けてくれたことが嬉しかった」と伝えたところ「今は何も困っていることはないし」と彼は微笑みました。

工房で夫と一緒に充実した生活を送る

そのうち自然とふたりは男女の関係になり、Ｉさんは彼の工房に寝泊まりするようになりました。

その頃から、彼の工房で経理を担当しているパートの女性がＩさんに対し、無愛想な態度を取るようになりました。もしかして彼のことが好きなのかもしれないと感じたＩさんは、自分の立場をはっきりさせたいと思い、彼に結婚の意思を尋ねたところ「結婚しなくてもこうやって仲良くしていれば幸せだ」と言います。

彼と社会的に承認された関係になりたいと願っているＩさんは、結婚というかたちを強く望んでいました。子どもが欲しいので35歳に近づいている自分の年齢のことも気になっています。しぶる彼に何度も結婚を迫ったところ、彼が折れ、出会いから1年で婚姻届を出すことになりました。

すると、パートの女性が退職すると言い出したため、Ｉさんは家具メーカーを退職し彼女から経理事務を引き継ぐことにしました。

その他にも、メーカー勤務時代に培った営業スキルを活かし、愛する夫の作品の販路を広げることにも力を注ぎたいと考えたＩさんは、工房のブランディングを図り、ホームページのリニューアルやＳＮＳでの情報発信を積極的に行いました。工房の知名度は徐々に上がり、メディアからの取材申し込みが入るようになりました。

夫が感謝の気持ちを伝えてくれることもあり、ますます頑張ろうという思いが湧いてきたＩさんは、工房での展示会を計画しました。オープニングパーティーには顧客の他、メディア各社も招待し大盛況のうちに終了、その後、Ｉさんのマーケティング戦略が功を奏したのか、海外からも注文が入るようになりました。

「君のおかげだ。感謝しているよ」と夫に優しく抱きしめられると、揺るぎない愛を感じ、私たち夫婦で一緒に工房をつくり上げているのだという多幸感に酔いしれるＩさんでした。

子どもが嫌いな夫は、夫婦ふたりの暮らしがいいと言います。子を授かりたい気持ちを持っていたＩさんでしたが「今のままでも十分幸せだし、夫の作品が自分たちの可愛い子どもと思えばいいのだ」と、割り切ることにしました。

夫婦旅行中なのに別行動ばかりの夫

結婚から3年、彼の作品の素晴らしさをより多くの人に知ってほしいという思いで走り続けてきましたが、ここで一段落ついたと感じたIさんは夫と相談し、夫婦で旅行に行くことになりました。スケジュールの関係で新婚旅行に行くことができなかったため、ふたりで行く初めての旅行をIさんはとても楽しみにしていました。

旅先では、ふたりでゆっくり過ごしたいと思っていたIさんでしたが、2日目、ホテルでの朝食後部屋に戻り、歯を磨き洗面所から出ると部屋に彼の姿がありません。1時間待っても戻ってこず、携帯に電話をかけてみたのですが、一向に出ません。しかたなく、ひとりでホテルの近くを散策していると、向こうから夫が嬉しそうな顔をして歩いてきました。

どこへ行っていたの？　と駆け寄ったIさんに夫は何事もなかったかのように「散歩だよ」と答えます。せっかくの旅行なのだから一緒に出かけたいしどこへ行ったのかわからないと心配なので出かける時はひとこと言ってとお願いすると、にこやかな笑顔でこう答えます。

具体例
課題を可視化
対策

「一緒に旅行にきているでしょ。旅行中はお互い好きに過ごそうよ。家ではいつも一緒なのだからそれでいいじゃない」

話がかみ合っていないと感じているＩさんにさらに追い打ちをかけるように「明日オプショナルツアーに申し込んだので行ってくるね」と夫は言います。ふたりの旅行中にオプショナルツアーにひとりで参加することを相談もなく決める？　とＩさんは頭のなかが混乱しました。

ただ、今までも夫の発言などに不思議な違和感を覚えたことはいくつもありました。いつまで経ってもＩさんの誕生日を覚えないため、少しすねてみたところ「自分にとって誕生日とは出生した日というだけのこと。自分の誕生日を他の人に覚えてほしいとは思わないし、他の人の誕生日を覚える意味がわからない」と無表情で言われたこと。「進入ご遠慮ください」の看板があった道に入っていこうとするので止めたところ「禁止と書いていないでしょ」とＩさんをひとり置いて行ってしまったこと。

他にも色々とありましたが「夫はアスペルガーだし職人なので一般人と感覚が違うのだ」と気持ちに折り合いをつけてきたので、今回のことも「まあ、しかたない」と思う

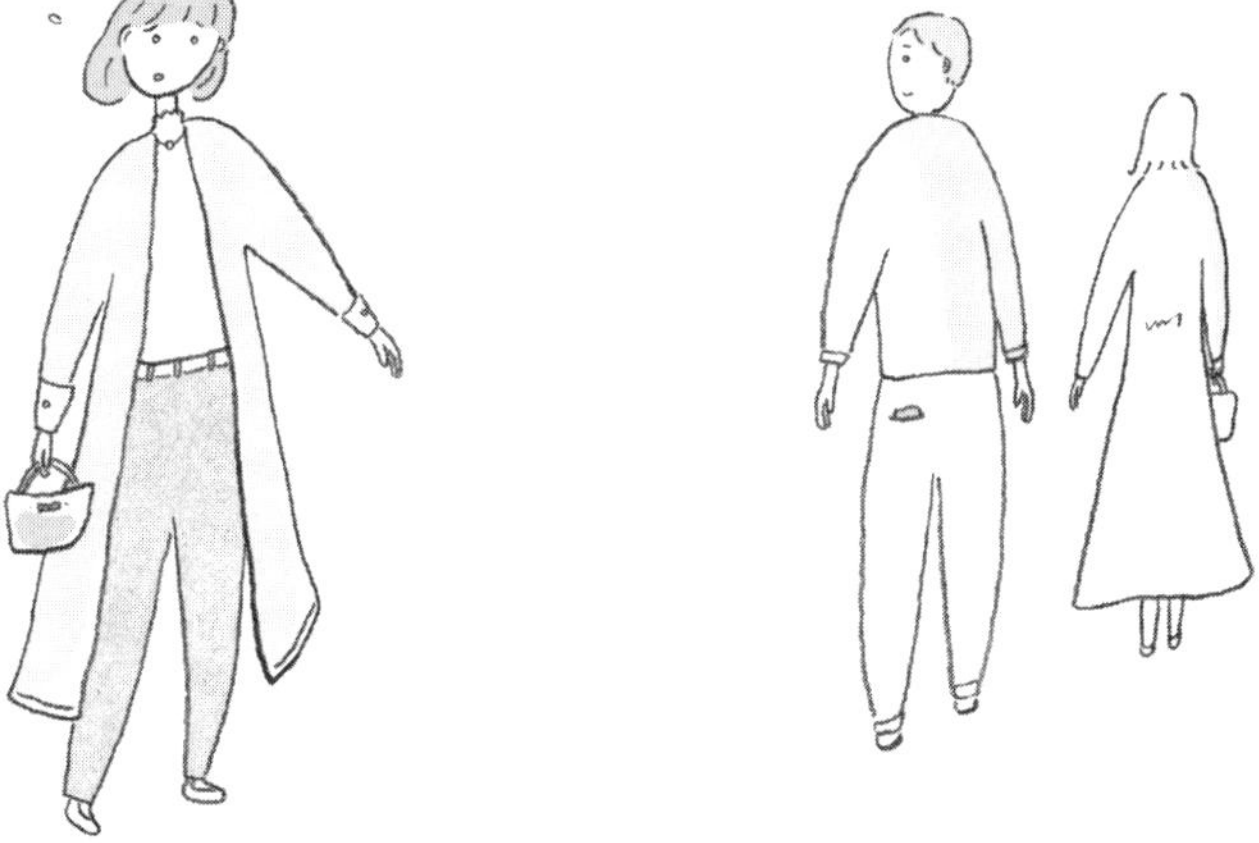

ようにしたのでした。

翌日ひとりでオプショナルツアーに参加し、夕方ホテルに戻った夫は「楽しかった」とご機嫌で「ツアーで意気投合した人と明日は一緒に出かけてくる」と言います。

気持ちに折り合いをつけたつもりでも若干の寂しさと戸惑いを感じましたが、一緒にいる時間は穏やかで優しく、夜はベッドでIさんを抱き「愛している」と囁く彼に愛と満足を感じるのでした。

旅行先で浮気相手を見つけていた夫

旅行から戻ってきたあと、夫はひとりで出

かけることが増えましたが、特段に気にとめてはいないIさんでした。

ある日、以前工房の経理を担当していた女性から「折り入って話がある」とメールがありました。彼女に対しては良い印象を持っておらず気が向きませんでしたが、しかたなく会うことにしました。3年ぶりに会う彼女は、待ち合わせたカフェで嬉しそうな顔をしていて、Iさんが席に着くと、すぐに話を切り出しました。

・Iさんの夫が女性と腕を組みながら親しそうに歩いている姿を見かけた。おそらく男女の関係になっている
・Iさんが夫と結婚するまで、自分は彼（Iさんの夫）と付き合っていた
・自分と別れずIさんと付き合いだした彼を問いただしたが、同時に複数の女性と付き合うことを悪いとは思っていない様子だった
・自分はそのことに我慢できず別れた

「一応耳に入れておこうと思って」と彼女は意地の悪い笑顔を見せました。彼女がカフェを去った後、「私と夫は夫婦であり工房の共同経営者という深い絆で結ばれている。夫

から愛されていて必要とされている私に嫉妬して彼女は嘘を言っているに違いない」と必死で思う一方で、旅行後夫の外出が増えたことに胸騒ぎを覚えたIさんでした。

帰宅後、彼女から聞いた話の真偽を夫に確認したところ、否定しない夫に言葉を失ったIさんでした。

そして夫は、

「君を愛しているし一緒に工房をやっていて楽しい」

「旅先で出会った彼女のことも愛している」

「彼女とはお互い結婚している相手がいることを知った上で付き合っている」

「かつて経理を担当していた彼女のことも愛していたが、君と付き合うようになったら我慢できないと別れを告げられた」

と、真面目な様子で話すのです。

今まで夫の不思議な発言や行動に、気持ちの折り合いをつけてきましたが、今度ばかりは受け入れがたく「私たち結婚しているのにルール違反でしょ！　私を愛しているなら彼女と別れて！」と錯乱状態で泣き叫ぶIさん。その傍らで、夫は石のように固まっ

具体例
課題を可視化
対策

ています。

泣き疲れたあと寝室に入ると、夫はＩさんのあとをとぼとぼとついてきました。夫に背を向けてベッドに横たわるＩさんを優しく抱きしめ「愛している」と言う夫。「だったら彼女と別れて」と泣きじゃくると「わかった……」と元気なく呟きます。

夫のことを愛しているし、夫を失いたくない。そんな気持ちから夫をひしと抱きしめると、夫も力強くＩさんを抱きしめてきました。「夫を信じよう。きっと大丈夫」と夫の腕のなかでいつしか眠りについたＩさんでした。

浮気をやめない夫に苦しみ続ける

その後、夫との絆をさらに深めたい思いから、Ｉさんは夫に指導をお願いし、木工小物の制作を始め、工房の作品として販売するようになりました。

夫の浮気を知った時から5年。おしどり夫婦工房として、メディアに取り上げられることもあり、夫との仲睦まじい関係を世の中に知らしめたい強い思いが通じたことに満足するＩさんでしたが、実は夫の浮気は続いていて、苦しみを抱え続けていたのです。

ここ数カ月は気が狂いそうな状態になり、夫を責める場面が増えてきました。すると夫から「そんなにつらいのなら離婚しないか」と言われ、どうしていいのかわからなくなったIさんは、私のところに相談にお見えになったのでした。

具体例
課題を可視化
対策

課題を可視化

夫も工房も手放したくないから浮気をやめさせたい

「夫の浮気はつらいが絶対に離婚はしたくない」と目の下に隈をつくり、憔悴しきった様子でIさんは呟きました。

「当初、夫は浮気を隠していたのですが、詰めが甘いのですぐに気づいてしまいました。私が度々責めると、君を愛しているのだからいいではないかと開き直るようになりました。確かに、他に女がいても私に対する態度は変わりませんし、セックスもあります。でも、結婚しているのだから浮気はいけないじゃないですか。それなのに、いくら説明してもピンとこない様子で、君も愛する人ができたらその人と付き合ってもいいよと言い出す始末です。しかも、複数の女性と浮気をしていた時期もあります」

それでも、Iさんは彼のことが好きで、離婚をしたくないと言います。

「最初に出会った日に恋に落ちてからずっと夫が大好きなんです。結婚してそろそろ10

年、愛する彼のために全身全霊尽くしてきました。夫と育て上げてきた工房は私の人生の一部にもなっているんです。夫も工房も手放したくありません。彼が浮気さえやめてくれれば……なんとかなりませんか?」

どうにかして夫の浮気をやめさせたいIさんです。

対策

夫に抱いているのは愛か執着かを認識する

「夫のＩさん以外の女性への気持ちは果たして〝浮気〟なのでしょうか？」

「と言うと？」

「ポリアモリーをご存じですか？」

ポリアモリーとは、お互いの同意を得た上で、複数の人と同時に交際する恋愛関係です。当事者全員の合意を得て、それぞれと誠実な関係を結ぶという点で「浮気」とは異なります。

「Ｉさんの合意を得ていないので、厳密に言えばポリアモリーとは言えませんし、彼自身もポリアモリーという概念を知らないかもしれませんが、付き合っている複数の人に優劣をつけることなく同じように愛している様子が見られるので、ポリアモリーを実践する人々と同じような恋愛価値観を持っているように感じます」

「確かに彼は、浮気はしていないと言います。でも、結婚しているので、私以外の女性と付き合うのは不貞行為ですよね？　いけないことですよね？　私、間違っていますか？」

Iさんの言うことは間違ってはいません。夫が他の女性と付き合うことはIさんにとってつらいということもわかります。

その上で考えるべきは、愛と執着を混同していないか、ということです。愛とは相手のありのままを認めること、執着とは相手を自分の思いどおりにしたいと考えること、としましょう。今までふたりで過ごしてきた時間や、相手に尽くしてきた自分。これらに対する執着を愛と錯覚し、手放せないケースも実は多いのです。夫を愛しているのならば、夫の生き方を尊重した上で、ふたりの関係性の着地点を探っていくことも、必要かもしれません。

以上をお伝えすると、Iさんは途方に暮れたような眼差しで私を見つめ、「頭と気持ちの整理がすぐにはつかないので、次回もカウンセリングをお願いします」とおっしゃいました。

具体例
課題を可視化
対策

夫婦カウンセリングでわかった夫の結婚観

2回目のカウンセリングの数日前、Ｉさんから「夫も一緒に行くというので夫婦カウンセリングにしてもらえないか」と連絡がありました。

当日、Ｉさんと一緒にお見えになった夫は、申し訳なさそうな表情で「お願いします」と深々と頭を下げました。

Ｉさん、そして、お付き合いしている女性への気持ちを夫に尋ねると、こう言います。

「みんな同じように愛しているし大切に思っています。妻が工房のために尽力してくれていることにもとても感謝しています」

一方で、Ｉさんとは結婚に対する考え方が違うことがわかりました。

「僕はアスペルガーと診断されていて、見通しを立てるのが苦手です。妻に結婚したいと言われた時、別に結婚しなくても仲良く付き合っていけばいいのにと思いました。それに、強い口調で言われるとどうしていいかわからなくなり、言われるがままを聞き入れてしまうこともあります。あの時も、何度も強く言われたので、結婚してしまいました」

夫は一言一句ゆっくりと噛みしめるように続けて話します。

「自分は以前から、複数の人を好きになるタイプで、複数だからそれぞれの愛が小さくなるというより、愛が人数分増えていく感じがして、幸せも増えるんです。他の人から変だと言われても、自分にとっては自然なことだし、どうしても変えることができないんです。結婚していることで、愛する気持ちと行動を制限されるのなら苦しいし離婚したいんです」

それを聞いていたIさんは声を荒らげました。

「あなたは今付き合っている人と別れないんでしょ？　他にも好きな人ができたら付き合うんでしょ？　私はそれに我慢できないのよ！　それに工房はどうするの！　一緒につ

くり上げてきたじゃない！」
「だったら、僕としては悲しいけど、別々に暮らして工房も一緒にやるのはやめよう。本当の意味で別れよう」と苦しそうにうなだれている夫の隣で「私の10年間を返して！」と号泣するIさんでした。

夫も愛する妻と別れるのはつらい

夫にもポリアモリーのことを伝えたところ、はっとした表情を見せ「まさしく自分のことかもしれない」と言います。そして、過去の出来事を語りました。

アスペルガーの特性が原因でいじめられて不登校になったこと、同時に複数の人を愛することを非難された時にいじめを受けた記憶が蘇り、自分は社会不適応で異常な人間なのかと苦しんだことなど。妻から責められた時には、さまざまな感情がこみ上げて思考がフリーズしてしまい、言葉が出なくなってしまうと言います。

最後は、涙を流す妻に申し訳なさそうな視線を向けながら、こう話すのでした。
「妻とふたりきりだとなかなか話せなかったことを今日話すことができました。夫婦カウンセリングを受けてよかったです」

夫は、自らの愛の指向で妻が苦しむことに胸を痛めていました。かといってその指向を抑えることは自分でなくなるようで苦しい。そのため、愛する妻と別れるのはつらいけれども、愛しているゆえに別れを提案したのでした。

同時に複数の人を愛することが自然な夫と、一対一の愛が自然である妻が結婚している。愛の形態は多様で、良い悪いはありません。それぞれを認めた上で、これからのふたりの関係をどうするかが大事です。

夫の愛の指向を受け入れる

次のカウンセリングはIさんがおひとりでお見えになりました。

「夫婦カウンセリングのあと、ひとりになって考えたくてしばらく実家で過ごしていました。ポリアモリーに関する本も読み、私にはどうしても理解しがたく生理的に受け入れられないんですが、ポリアモリーを否定するのは違うかなと。それに、夫との幸せな時間にしがみついている自分に気づきました。夫の苦しみに寄り添わずに、自分が望む愛を彼に求めてばかりだったように思います」

苦しそうな様子のＩさんに今後の夫婦関係をどうしたいか尋ねると、自分に言い聞かせるように答えました。

「夫の愛の指向は認めます。しかし私は複数の人を愛する人とパートナーでいることはつらくて無理なことです。なので、夫とは別れます」

「夫の選択を私は尊重する」という気持ちには愛があります。「真実の愛を持てる人は、きっと前に進めます」とお伝えすると、Ｉさんはテーブルに突っ伏ししばらく涙を流したあと、すっと顔を上げ「つらいけれど前に進みます」と決意を感じさせる表情を見せたのでした。

2年が経過した頃、Ｉさんから近況を知らせるメールが届きました。

協議離婚をして実質的にも別れ、元夫と過ごした家を出たＩさん。執着を断ち切るために、いわばからだひとつで家を出ましたが、40才を過ぎてから決断した離婚に明るい未来を感じられず、半年間は実家でうつうつと過ごしていました。

そんななか、「真実の愛を持てる人は、きっと前に進めます」という言葉を思い出したＩさんは、試しに一歩でも進んでみようかと、木工職人として再スタートを切ることを決意。そのために移住をしました。

移住した町には、ものづくり職人たちのコミュニティがありました。合同でイベントなどを開催していくなかで、親しい仲間たちもでき、一緒に野菜を育てたりおかずを持ちよって食事をともにするようになりました。新しいパートナーにも巡り会い、今は心の傷も癒え、充実した日々を送っていると言います。

元夫はポリアモリーのグループを立ち上げ、活動を開始したそうです。今では彼に感謝しているし、彼の活動も心から応援していると言います。彼と出会ったことで、多様性を尊重することの大切さと愛について肌で学ぶことができたからです。

「新たな世界には、幸せが待っていました。人生何かを始めるのに遅すぎるということはないですね。行動が人生を変えていくことを、今は実感しています。そしてすべてが学びなのですね」

Ｉさんの近況報告から、たちのぼるほんのりとした愛を感じ、私はしばらくそこに佇んでいたのでした。

第6章

散財するパートナーとの別れ方

【悩み⑧】共依存

散財ばかりで借金を繰り返す夫だけど別れるのはかわいそう

《本項目の内容》

夫が何度も借金を重ねるけど、ついつい許してお金を立て替えてしまう。離婚を考えるけれど、別れるのはかわいそう。そんな方は、共依存に陥っているかもしれません。共依存から脱却しなければ、自分も夫も苦しみ続けます。夫が自分で問題を解決できるよう、考え方や環境を変える努力をしてみましょう。

具体例

落ち着きはないが明るい男性

「借金を繰り返す夫に困っています」と40代半ばの会社員Jさんがお見えになりました。

Jさんは20代後半の頃「明るくて面白い人がいる」と友人から5才上の今の夫を紹介されました。

笑顔でよくしゃべり、好奇心旺盛な彼の様子に、心が明るくなり好印象を持ったJさんは、ためらうことなくお付き合いをすることにしました。

デートの前には彼から色々なプランの提案があり、自分のために一生懸命考えてくれているのだと嬉しく感じるJさんでした。

いつも元気で明るく冗談を連発する彼との時間はとても楽しく、おっちょこちょいのところはあるけれど、そこは私が面倒を見てあげると甘い気持ちになるのでした。

デートの費用はいつも彼が負担してくれます。「私も払う」と言うと、明るい声で「大丈夫、大丈夫」を連発し、「だったら結婚しようよ」といきなりプロポーズされました。

Ｊさんは、３人兄弟の一番上。父が病弱なため、家計を支えるために働きに出ている母親に代わって、部活動や友人たちとの遊びは控えて、家事や兄弟の世話をしてきました。経済的に苦しかったため、大学進学も諦めました。

長い間、やりたいことを我慢し、家族の世話をしてきたＪさんは、そろそろ肩の荷を下ろしたい気持ちにもなり、二つ返事で承諾。出会いから半年後、ふたりは結婚しました。

結婚後も変わらず明るいキャラクターで「愛してるよ〜」とおどけながらＪさんに抱きついてくる夫が愛おしく、この人と結婚して本当によかったと心から感じていたＪさん。服は脱ぎっぱなし、物は出しっぱなし、扉も開けっぱなし、忘れ物や落とし物も多い彼に、呆れたり責めたりすることもなく、かいがいしくお世話をしていたのでした。

家計については、共稼ぎなので、それぞれの給料からそれぞれの名義で決めた金額を貯金し、将来のマイホーム購入や子どもの教育費にする。給料額に応じ按分した金額を毎月家計用の共通口座に入れる。残りは自分で自由に使えるお小遣い、と決めました。

消費者金融の借金が発覚

その後、授かった2人の子どもを夫はとても可愛がり、幸せを感じていたJさんでした。下の子が小学校に上がる頃、そろそろマイホームが欲しいと考え始めたJさんは、夫に相談をしました。ニコニコして「いいねー」と返事をした夫に「それぞれが積み立てている家庭用の貯金を頭金にすればいいよね」と言うと「急用を思い出した」とそそくさと外出してしまいました。

今までも落ち着きがなく、思い出したように外出することが日常茶飯事な夫だったので、Jさんは特に気にはとめませんでした。

その後、何度か夫にマイホーム購入の話を持ちかけましたが、はっきりとした返事が返ってきません。

そんな時、夫宛に親展の郵便物が届きました。帰宅した夫に「重要な手紙みたいね」と手渡すと、顔色を変え、慌てて鞄にしまい込みました。その様子が気になったJさんは、家族が寝静まった深夜に、夫の鞄を探ったところ、先ほどの郵便物がクシャクシャになって入っていました。よく見ると、それは消費者金融からの督促状で、請求金額が三百数

十万円とあります。驚いたＪさんは、夫を起こし説明を求めました。

夫は慌てふためき「ゴメン！」と何度も土下座します。そして「悩んでいる部下が心配で飲みに連れて行って奢ったり、仕事でストレスが溜まりパチンコに熱中するようになってから、クレジットの返済が滞り、消費者金融からの借り入れを繰り返すうちに借金が増えてしまった」としゅんとしています。

このままだと借金が雪だるま式に増えてしまうのですぐに返済せねば、と焦ったＪさん。そこで、「あなた名義の家庭用の貯金ですぐに返済しよう」と夫に提案したところ「ゴメン！」とうなだれています。

夫は結婚当初に約束した毎月の家庭用の貯

金をしておらず、すべて小遣いとして使い、それでも足りないため、借金を繰り返していたのでした。

愕然としたJさんでしたが、とにかく早急になんとかしなければと、自分名義の家庭用の貯金の一部を解約し夫の借金を返済しました。

夫の金銭管理に不安を覚えたJさんは「貯金を含めたすべての家計管理は私が行う。あなたは給料の全額を私に渡し、私から毎月決まった額のお小遣いをあなたに渡すようにしたい」と夫に提案したところ素直に受け入れてくれました。そして、何度も「ありがとう」と礼を言い「今後絶対に借金はしない」と誓ってくれました。

部下を思いやる優しさを誇りに思い、仕事でストレスを抱えていた夫をかわいそうに感じたJさん。夫を怒るのではなく、許し信じることにしました。

夫の両親に懇願されて許したが…

その後、いつかマイホームを購入したいと考えているJさんは、節約倹約し、少しで

具体例
課題を可視化
対策

も貯金に回すようにしていました。

　ところが、１年が過ぎた頃、再び夫の借金が発覚。

　思い切って夫の両親に相談したところ、結婚前にも競馬で多額の借金をつくり、親が肩代わりしたことがあったと知らされます。そして、「息子が迷惑をかけてすまない。今回は自分たちが返済するのでどうか息子を見捨てないでほしい」と懇願されたのでした。

　そういえば、結婚する際、夫は貯金をしておらず、夫分の結婚費用を夫の両親が負担したことを思い出しました。

　夫の両親に対して申し訳ない気持ちはありましたが、借金返済の件は甘えることにしました。今回の借金の原因も、仕事のストレス解消のためのパチンコです。夫の心の支えになってあげられなかった自分を反省し、これからはもっと彼の悩みや愚痴を聞いてあげようと決めたJさんでした。

「パチンコに行く回数を今までより減らすように頑張るけれど、今の小遣いだと足りなくなってしまうかもしれないので増やしてほしい。本当に借金はこれで最後にするから」と、夫は申し訳なさそうに肩を落とします。その提案を、多少のストレス解消は必要だろうと受け入れ「仕事でつらいことがあったらなんでも話してね」と優しく抱きしめると「ありがとう、俺にはJしかいないよ。愛してる」とぎゅっと抱き返してきます。そんな夫が愛おしく支えたいと思うのでした。

ストレスを理由に家庭の問題に関わらなくなる夫

それから徐々に夫は、職場のストレスを理由に家庭のことをしなくなりました。家にいる時は、ほとんどスマートフォンでゲームをしています。

当初は、何も言わず許していたJさんでしたが、仕事と家事と子育てに忙しく気持ちに余裕がなくなってきたため「もう少し家庭のことに協力してほしい」と夫にお願いしました。しかし、「仕事で疲れているんだ」と聞く耳を持ちません。

その後、何度頼んでも変わらぬ夫に腹が立ち、そのうち口調がきつくなり、不満も口にするようになると、夫は逃げるかのように外出するようになりました。

食事中もスマホを手にしているため、Jさんが注意すると、ふてくされた態度でゴミ箱を蹴る時もあります。子どもたちともほとんど口をきかなくなりました。

そして、またしても借金が発覚。すると夫はこう開き直りました。

「家でお前に責められるからストレスが増えてパチンコで解消した」

「私だってストレスが溜まっているのに」と思いながらも、夫に対し苛立った態度で接していることに罪悪感を覚え、家庭用の貯金を切り崩し返済したJさんでした。

そんな時、Jさんは「パチンコ依存はギャンブル依存症の一種でそのベースにはADHDがあることが多い」という新聞記事を目にしました。

聞いたことのない「ADHD」をインターネットで調べると、夫に当てはまることがとても多い。ギャンブル依存症との関連について書かれている記事もありました。

「夫はもしかしてギャンブル依存症でADHDなのかもしれない。これからもパチンコをやめられず借金を繰り返すかもしれない」と強い不安に襲われたJさんは、いてもたってもいられず、夫の両親に相談しました。しかし、「息子を障害者扱いするのか！」と怒鳴られた上に「息子がパチンコにはまるのは妻のあなたが至らないからだ」と非難されてしまいました。

夫の借金返済に力を貸してくれたこともある夫の両親に突き放され、さらに重なった不安に押しつぶされそうになったJさんは、私のカウンセリングルームの扉を叩いたのでした。

課題を可視化

ギャンブル依存症は適切な治療を受けなければ治らない

「夫の借金を返済するため、家計の貯金を切り崩しました。夫がギャンブル依存症ならば、これからも借金をするのではと不安で。しかも以前の夫と変わってしまい、家にいる時はいつも不機嫌で物に当たることも増え恐怖を感じる時もあります。本当は優しい人なんです。私が追い詰めてしまったのかもしれません。夫のために私にできることはなんでしょうか」と困り顔のJさんです。

Jさんが懸念するように、夫はギャンブル依存症の可能性が高いと思われます。依存症は脳の病気なので、自分の意思でやめることはできません。家族がなんとかやめさせようとするのも難しい問題です。

そこで、まずは依存症の適切な治療や支援につながることが必要だとお伝えし、精神

依存症

ギャンブルやアルコール、薬物などの特定の行為や物質を、家族とのケンカが増える、生活リズムがくずれる、体調を崩す、お金を使いすぎるなど何かしらの問題が起きているのにもかかわらず「やめたくてもやめられない」状態。
習慣的に依存行為や依存物質の摂取を繰り返していくうちに進行していくコントロール障害（自分の意思でやめられない病気）
（参考：厚生労働省HP）

保健福祉センターや保健所などの公的機関へすぐに相談するよう勧めました。
「依存症に陥っている本人よりも、家族からのご相談の方が多いと聞いています。本人に対する関わり方のアドバイスも受けることができますし、そのことが本人の回復につながることもありますよ」

物に当たる、激しく怒りをぶつけてくることは暴力にあたります。この状況を家族が許し我慢をし続けると、結果的に本人の暴力へのハードルを下げてエスカレートさせてしまいます。身に危険を感じた時は、その場から避難すること。逃げられないと思ったら躊躇せずに110番をする。それが大事です。

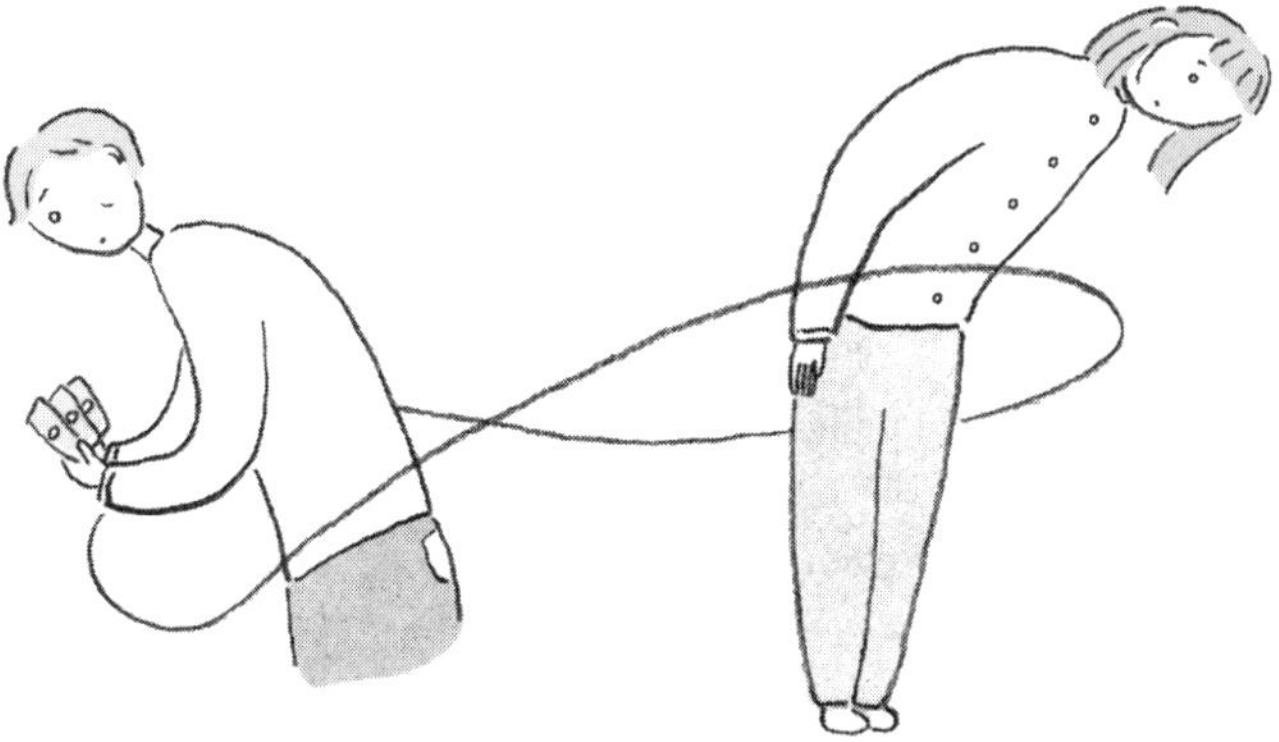

依存症の家族は共依存に陥ることも

そして、依存症の家族が陥ることがある共依存についても説明しました。

共依存は元々、１９７０年代にアメリカでのアルコール依存症治療の現場で生まれた言葉です。アルコール依存から回復しない夫には、「あの人には自分がいなければ駄目だ」と夫の世話を焼き、自分の存在意義を確認する妻の存在がありました。

・玄関で酔いつぶれた夫を部屋まで運んで寝かせる
・お酒を飲んで酔って吐いたものを処理する

・部屋に散らかった空き缶を妻が片付ける
・夫が酔って迷惑をかけた相手に謝る
・お金が足りないと言われて渡す。借金を肩代わりする

一見、称賛される行為をしているこの妻のような存在を、アルコール依存症者が飲み続けることを可能にする「支え手（イネイブラー）」と言います。

自分のことよりも相手の課題を解決することに一生懸命になる。そのことに自分の存在価値を見出し、本来相手が負うべき責任までも自分が背負ってしまう。それがイネイブラーです。その結果、自分の問題に向き合わず、無責任になっていく相手（依存者）との関係性を「共依存」と呼ぶようになりました。

その後、アルコール依存症だけではなく、ギャンブル依存症や薬物依存、ドメスティックバイオレンス、親子関係、対人援助における関係などでも、同じような関係性が認められることがあるため、「共依存者」とは、「ある人間関係に囚われ、経済的、精神的、身体的に逃れられない状態にある者」という定義が広まりました。

対策

夫が自分自身で解決することが大事

Jさんにも、共依存の可能性があるとお伝えしました。今後、夫が借金をした場合は、自分で解決するように促すことが、Jさんには求められます。

「突き放すようでかわいそうです」としぶるJさんですが、夫の借金は本来、夫本人が解決すべき問題です。依存症の根本的解決のためにも、肩代わりするのではなく、専門機関への相談を勧めるなど、解決につながる可能性のある方法を提案すべきです。これは突き放すことではありません。

Jさんの場合、実家で担っていた「役割」を今の家庭でも背負っているのかもしれません。しかし、必要のない役割は手放していいはずです。これからはお子さんたちの教育費もかかります。老後のことも含め、Jさんとお子さんたちの生活を守ることを優先に考えていくことが大事です。

依存症の家族を持つ方はさまざまな葛藤を抱え、心身ともに疲弊していることがあります。体験や思い、情報などをわかち合う家族会があります。そうした集まりに参加することで、癒やしや希望、問題解決へのヒントなどを得る人が多くいます。家族会についても、精神保健福祉センターなどで情報提供してもらえます。

Jさんは、「わかりました。相談してみます」と答えたものの、表情は浮かないものでした。

共依存の怖さを身をもって実感

それから1年半後、再びJさんが相談にお見えになり、「おっしゃるとおりでした……」と肩を落とします。

1年半前のカウンセリングのあと、さすがにこれ以上借金は繰り返さないだろうと、夫を信じることにしたJさん。

ところが、夫はまたしてもパチンコで借金をつくりました。落胆したJさんは意を決して「家計から支払うお金はない」と言いましたが、夫は「お前のせいでストレスが溜まってパチンコに行った。お前が悪いのになんで俺が返さなきゃいけないんだ！」と壁を蹴りながら怒鳴ります。恐怖感を抱いたものの、逃げることも警察を呼ぶこともせず、自分にも責任があるように感じ、結局、家計の貯金から支払ってしまったのでした。

家計に不安を感じたため、Jさんは週に2日、仕事帰りにダブルワークを始めました。夫から再度「毎月の小遣いが少ないから足りなくなり借金することになる」と言われ、借金されるよりマシだと思い再び増額に応じたJさん。しかし、その後も夫は借金をし、しかも勝手に会社を辞めてきてしまいました。

その上、Jさんが支払うのが当然のような態度を取ったため「子どもの教育費のための貯金が底をつきそうで払うのは難しい」と訴えたところ「子どものことなんてどうでもいい！」と夫は言い放ちました。

あんなに子どもを可愛がっていた夫がここまで変わってしまったのだ、私にはどうすることもできないと痛感したJさんは、相談ができるところへ一緒に行こうと、必死に声をかけました。しかし夫は「馬鹿にしやがって！」とJさんの胸ぐらを掴むと、玄関の扉が壊れるほどの勢いで閉め、外出してしまいました。

具体例
課題を可視化
対策

1年半前に情報提供した公的機関には相談しておらず、状況は悪化していました。

「私は共依存です。夫はパチンコによる借金を繰り返す。私も夫の尻拭いをやめられない……。これ以上、夫が借金を繰り返すと生活が破綻します。ダブルワークでヘトヘトです。人が変わってしまったような今の夫と一緒にいるのは怖いです。もう頑張れません」

Jさんは小学生の頃から、両親に余計な心配をかけたくないと、悩み事を相談したことはなく、体調が悪い時もひとりで我慢してきました。常に妹と弟を優先し、自分のことは後回し。両親はJさんの様子を気にかける余裕がなかったのでしょう。家族が段々とJさんへ頼るようになると、Jさんは負担を感じながらも、家族に尽くすことがアイデンティティとなっていったのでした。

職場でも常に気を配って、仕事が滞っていそうな人がいると声をかけ手伝うようにしていました。手伝った人がJさんより先に帰ることもありましたが、「気が利くね」「助かるよ」と言われると満たされる気持ちになりました。

「でも、その気持ちの奥には、誰かの役に立っていないと捨てられてしまう、という不安があるのです。利用されている時もあると気づいているけれど、それを認めると惨めになるので見ないふりをしてきました。共依存の話があった時も、本当の自分を見るのが怖くて目を背けましたが、でもこのままでは……」

それから少し間を置いて、Jさんはこう言いました。

「共依存から抜け出すためにも子どもたちのためにも夫と離婚したいのです」

借金の肩代わりをやめて離婚へ

Jさんには、今回こそ借金の肩代わりはしないことを約束してもらい、その上で離婚を進めていくことにしました。

Jさんは子どもたちに、ギャンブル依存症のことを説明し、離婚をしたいと考えていることを伝え、子どもたちの気持ちを聞きました。すると、「離婚したほうがいいよ」と言います。子どもたちは父の借金のためにダブルワークをしているJさんを、ずっと心配していました。父親とは久しく会話はありません。

Jさんは3人で住む民間アパートを探し契約を済ませました。

具体例
課題を可視化
対策

次は、夫に離婚を切り出す番です。万が一、夫が暴れた場合のことを想定し、他人の目があるファミリーレストランに夫を連れ出しました。穏やかに、こう伝えたＪさんです。「私はもうあなたの借金の肩代わりはしません。この前も言った、パチンコをやめられないことや借金のことを相談できるところがあるから、行ってみない？　専門の機関につながればきっとやめられる。あなたにその気持ちがあるのなら私も一緒に頑張るよ」

夫は周囲の目を気にしてか、いつものように怒鳴ることはしませんでしたが、唸るような声で「うるさい」とＪさんを睨み続けたあと、スマートフォンをポケットから取り出しゲームを始めたのでした。

夫の様子をしばらく見つめていたＪさんは、バッグから離婚届とボールペンを取り出し、「もうあなたとは夫婦でいられません」と夫の目の前に広げ、サインを求めました。

夫は一瞬、目を剥き「俺を見捨てるのか」と怒気を含んだ声で言い、「金を払ってくれないなら家族じゃない」と荒々しい態度でサインをしてファミリーレストランから出て行きました。

胸にぽっかりと穴が空いたような気持ちになり、すぐには立ち上がれず、小一時間ほど、夫の座っていた席をぼんやりと見つめていたＪさんでした。

財産分与といっても何もありませんし、養育費も期待できません。子どもたちも夫に会いたくないと言います。

離婚届を出したあと、Ｊさんは夫の留守中に、転居先を告げず、子どもたちを連れて引っ越しをしました。

少しずつ共依存から抜け出すＪさん

その1カ月後のカウンセリングで「借金の心配をしなくてもいい生活はあまりにも平和で落ち着かないのです。私がいなくなって夫は困っているかもしれないと気になってしまう自分がいます」と話すＪさん。そこで、「共依存から抜け出すには時間がかかる場合もあります。夫のことが頭に浮かんだら、今の暮らしを楽しむことに意識を向けるようにしてみたらいかがでしょう」とアドバイスしました。

自分が楽しむことを後回しにしてきたＪさんにとって、難しいことかもしれません。最初は、ほんの小さなことでいいのです。それを生活のなかに取り入れていく。そう提案すると、「やってみます」と小さく頷いたＪさんでした。

具体例
課題を可視化
対策

半年が過ぎた頃、Ｊさんはやっと今の暮らしに落ち着きを感じられるようになってきました。１年経った頃には「月に１回ひとりで映画館に行き、そのあとお気に入りのカフェで鑑賞後の余韻に浸る時間が楽しみです」と嬉しそうに話すようになりました。

離婚後、夫は実家を頼り、夫の両親が借金を返済。パチンコの他にもゲーム課金で借金を繰り返していると風のたよりで聞いたそうです。

「実は、ファミリーレストランに夫を連れ出した日、夫が専門機関に相談すると言ってくれたら、離婚しないで一緒に頑張ろうと思っていたのです。しかし、夫は受け入れなかった。俺を見捨てるのかと言われた時、強い不安に襲われ、離婚届を破ってしまいたい衝動にかられました。だけど、カウンセリングで〝必要のない役割は手放していい〟と言われたことを思い出し、共依存から抜け出すのだと心から決意したのです」

現在のＪさんは子どもたちと家事の役割分担をしていますし、職場でも行きすぎたお世話はしないようにしています。最初は遠慮や罪悪感があったそうですが、今は役割を手放すほうが心地良いと言います。

「自分の幸せは自分でつくる、ですよね。私は自分の幸せづくりに専念します」とＪさんは軽やかに微笑みました。

第7章

離婚のために知っておきたい手続き・費用

離婚の手続きの基本

夫のタイプや夫の離婚に対する意思、離婚にあたっての協議の内容によって、離婚の進め方は違ってきます。

夫も離婚に同意している、同意の見込みがある、話し合いで協議内容のすり合わせが可能、婚姻期間が短い・子どもがいない等で協議する内容が少ない
↓協議離婚（協議、離婚協議）

夫が離婚に同意し、夫婦双方で話し合って協議内容（親権者、面会交流、慰謝料、養育費、

財産分与など）を取り決め、離婚届を提出すれば協議離婚が成立します。

話がスムーズにまとまれば短期間で離婚が成立する点がメリットと言えます。

しかし、取り決めたことを書面に残しておかないと、後にトラブルが生じる可能性があります。

特に「養育費は約束どおり払われるのか」など、金銭の支払いに不安がある場合、協議離婚に際し夫婦間で合意した協議内容を、離婚協議書や合意書の作成のみで終わらせるのではなく、強制執行認諾約款《にんだくやっかん》付き公正証書（以下、公正証書）として作成しておくことをお勧めします。

離婚協議書等はあくまでも私文書であり、公正証書と違い法的強制力がありません。公正証書には、後々相手方が養育費や慰謝料、財産分与の支払いを行わない時、裁判手続を経ることなく強制執行をして、相手方の財産や給料を差し押さえることができる効力があります。

公正証書を作成するには、以下の手順を踏みます。まず、公証役場に、離婚に際し夫婦間で合意した協議離婚内容（離婚協議書等）を提出します。公証人が法律的に問題ないかチェックしたのち、公正証書の原案が作成されます。これを、夫婦それぞれが確認します。内容に合意できる場合、夫婦揃って公証役場に出向き、公証人の面前で公正証書の内容をあらためて確認。間違いなければ、各自署名・捺印し公正証書が完成します。
原則として夫婦揃って公証役場へ出向いて手続きを行う必要がありますので、その点に関して、夫の同意が得られる場合でないと作成は難しいでしょう。

費用：公証人手数料５０００円～（取り決めた慰謝料、財産分与等の金額に応じて変わってきます）

参考：日本公証人連合会ＨＰ

養育費の取り決めに関わる公正証書の作成費用を補助している自治体もありますので、お住まいの自治体に確認してみましょう。

相手が離婚を拒否、話し合いができない、協議内容の条件が折り合わない、相手と顔を合わせたくない、DV・モラハラ案件
↓調停離婚（調停、離婚調停）

夫が離婚に同意しない、離婚内容を話し合いでスムーズに決めることができず、協議離婚が難しい場合、家庭裁判所の調停手続を利用することができます。

特に、DV・モラハラ案件では、当事者同士での話し合いは困難ですので、当初から調停を利用するケースが多い印象です。

調停では、第三者である調停委員が双方から個別に話を聞きます。離婚するかしないかだけではなく、財産分与・慰謝料・親権者の指定・子どもとの面会交流など離婚に伴う問題も、当事者が合意に至るよう妥協点を模索してくれます。

調停を申立ててから、1カ月から1カ月半に1回程度のスパンで家庭裁判所から指定された調停期日（平日の日中）に出席することになります。期間は半年から1年程度です。

調停が成立した場合、合意内容を書面にまとめた「調停調書」が家庭裁判所で作成されます。調停調書には強制執行力がありますので、約束したのに養育費や財産分与、慰謝料などの支払いを受けられなければ預貯金や給料を差し押さえることが可能です。

協議離婚で公正証書を作成した場合、強制執行が可能なのは金銭的な履行義務のみですが、調停調書は、調書で定められた権利義務のすべてについて可能となります。

調停にはある程度の時間がかかりその点は負担になり得るでしょうが、公正証書を作成する以上の効果を、費用を抑えて実現できる点をメリットに挙げる方は多いです。

調停が不成立となった場合、私が関わったカサンドラたちの多くは、離婚裁判を負担に感じて提起はせずに夫との別居を続けました。その上で数年後に再度調停の申立てを行うと、夫の気持ちが変わって調停離婚もしくは協議離婚に至るケースがほとんどでした。特に夫から妻への婚姻費用の支払いがある場合、夫が負担を感じて離婚に合意したケースも見られました。

調停離婚を負担に感じて協議離婚を進めようとしても、夫が交渉の席にすらついてくれない、話がかみ合わないなど交渉が難航し、結局、調停を利用することになったケースもあります。調停においても引き続き弁護士と受任契約を結ぶ場合、追加の着手金を支払うことになります。

弁護士費用は決して安い金額ではありません。夫のタイプを見て、果たして代理人を立てて協議離婚が成立するのか、当初から調停を利用したほうがいいのかを慎重に判断することをお勧めします。

費用：家庭裁判所へ支払う申立費用（収入印紙代）１２００円、家庭裁判所との連絡用の郵便切手代など

専門家の選び方と活用方法

役所への手続きだけなら行政書士でも

夫との話し合いがスムーズに運ばない（運びそうもない）、また、事務的な手続きを負担に感じるカサンドラたちは「慣れない離婚手続をどのように進めたらいいのか」と不安や疑問を抱えています。

そんな時、専門家の手を借りる選択もあります。

たとえば、夫婦ともに協議離婚に合意していて、ふたりで離婚の協議内容を決めることはできそうでも、離婚協議書等の作成や公証役場への公正証書作成依頼を自分で行う自信がない場合、行政書士や司法書士、弁護士に依頼するという手があります。

私が関わっているカサンドラの傾向としては、費用が高い傾向にある弁護士ではなく行政書士へ依頼する方が多いです。財産分与で不動産があり登記手続きが必要な場合は、不動産登記も一括で行うことができる司法書士に依頼する方もいます。

ただし、離婚の同意が得られない、離婚内容の折り合いがつかずもめている場合は、費用の負担が大きくはなりますが、弁護士と受任契約を結び、法律知識の助言はもとより、下記を行ってもらう方もいます。

・協議離婚を進めるにあたり、代理人として夫との離婚の合意や協議内容の交渉。話し合いがまとまれば離婚協議書の作成

や公正証書化など
・離婚調停を進めるにあたり、代理人として調停申立書等の書面の準備や夫とのやりとりの窓口になってもらう、調停への同席や代理出席など

弁護士費用の自己負担を減らす方法

弁護士に依頼すれば物理的、精神的な負担が軽減されると思ってはいるものの、経済的に厳しい。そんな方でも、一定の基準（収入や資力の基準）を満たせば法テラスによる民事法律扶助が利用できます。無料で法律が相談できたり、弁護士費用を立て替えてもらえたりします（利用者は法テラスへの立替金を月5000〜1万円程度ずつ分割弁済）。

また、私が関わったカサンドラには、将来の離婚に備え弁護士保険に加入し「弁護士費用の自己負担額をかなり減らすことができ助かった」という方もいます。ただし、条件によっては保険金支払いから除外されるケースがあるため、検討する弁護士費用保険の約款をよく確認した上で加入するようにしましょう。

カサンドラに理解がある専門家を選ぼう

どの専門家を選ぶのかという視点とは別に、カサンドラへの理解や寄り添いの気持ちを重視される方が多くいらっしゃいます。

しかし、それぞれの専門家のホームページからこの点を推察することは難しく、「ホームページにそれらしき記載があったため相談したが期待が外れた」という声を聞くことが、少なからずあります。

個人的には、カサンドラへの理解があると標榜している専門家に限定せず、離婚分野で実績・経験のある専門家をインターネットなどで検索し、対面で相談し、この人であれば安心して任せられるという感覚が持てる専門家に出会うまでは、安易に依頼しないことを強くお勧めします。

特に弁護士を依頼する案件においては、誠実さと共感力、そして「ともに戦ってくれる」という確信を得られるかが重要なポイントだと考えます。

ひとり親への公的支援制度

夫と離婚したいが、シングルマザーになることを考えると、経済的な面やひとり親での子育てに不安を覚えて踏み切れない。そんな方は、国や各自治体のさまざまな制度を利用するという手があります。

ただし、多くの制度は離婚後でないと利用することができません。

たとえば、離婚調停を利用する場合、一定の期間がかかったとしても、その期間は法的に婚姻関係が継続しています。そのため別居していても、ひとり親世帯対象の社会保障給付や保育園、医療費などのさまざまな優遇制度を受けることができません。離婚後と比較して、厳しい生活を送っていた方もいます（調停中など、公的な機関で離婚に関するアクションをしていることを条件に制度を利用できる自治体もあるので相談してみましょう）。

そのため、別居から離婚までに一定期間が見込まれる場合は、その間の経済面を含めた生活のシミュレーションを行うことが重要です。

自分ひとりでは調べられるか不安だという方は、公的な相談窓口を利用してみてはいかがでしょうか。

都道府県・指定都市・中核市には、「母子家庭等就業・自立支援センター」が設置されています。離婚後利用できる制度はもとより、ひとり親家庭の方が必要な支援を受けられるよう、情報提供や相談などを行っています。ひとり親だけでなく、ひとり親になる前の相談にも応じています。

連絡先は、ネットで「母子家庭等就業・自立支援センター　○○（お住まいの都道府県等）」と検索していただければわかります。気になる方はチェックしてみてください。

離婚が難しい場合は死後離婚も選択肢の１つ

経済的事情などを考えると現世で離婚は難しいが、せめて夫が死んだ後は、夫婦としての関係を絶ちたい。夫の両親からひどい仕打ちを受けたため、夫の死後に義父母と関わったり介護をしたくない。そんな方々のなかには「死後離婚」を希望する方もいます。

死後離婚という法的な制度はありません。夫の死後、本籍地または居住地の市区町村へ「姻族関係終了届」を提出して、夫側の親族との関係（姻族関係）を終了させる。この手続きを一般的に「死後離婚」と呼んでいます。姻族関係終了届を提出しても、遺族

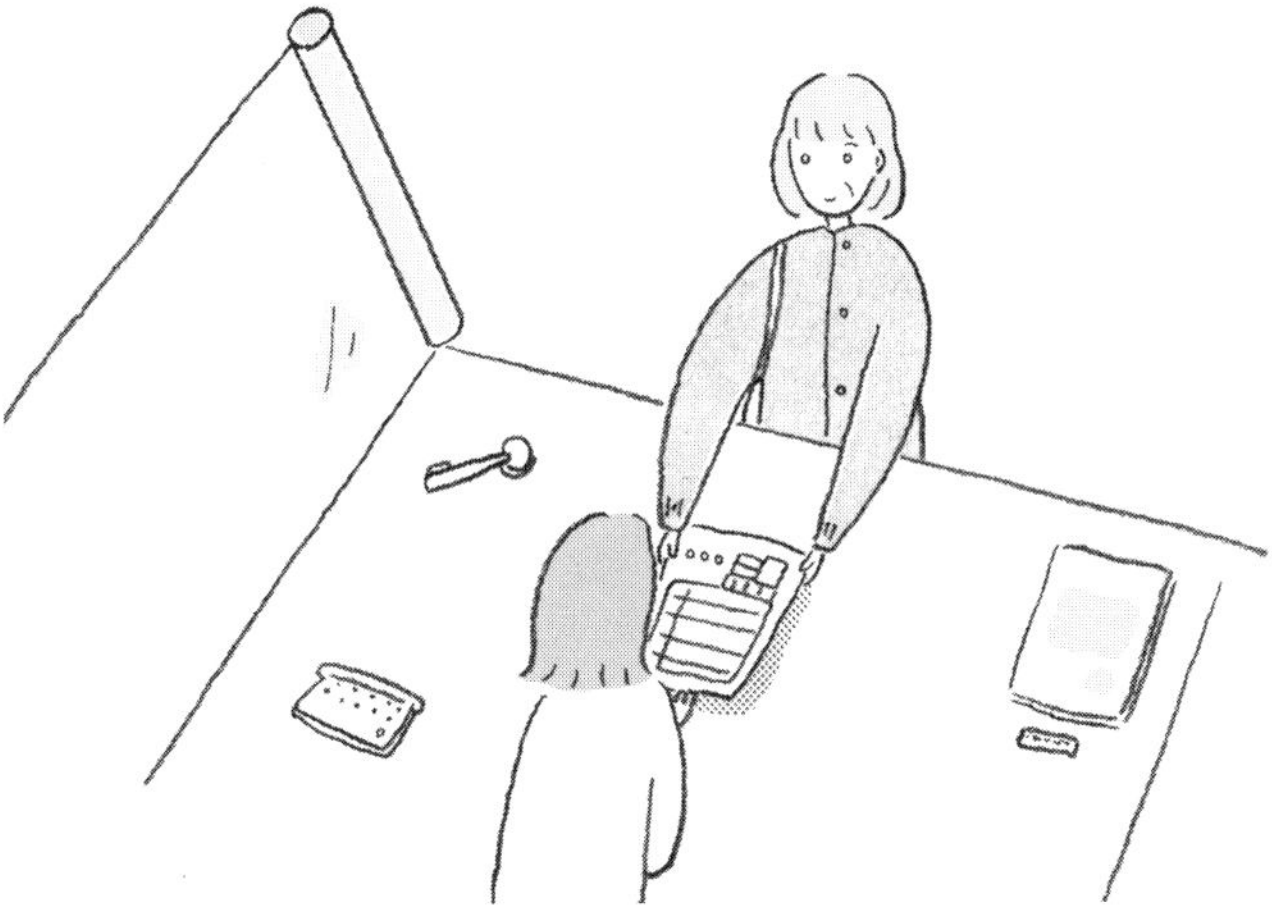

年金や相続権の受給資格に影響はありません。
ここでは、死後離婚を選択したカサンドラのケースを、紹介しましょう。

死後離婚ケース

妻Kさん：60代前半　夫60代前半

こだわりを押しつけ、威圧的な態度をとる夫に苦しみ続けたKさん。ストレスで心身に不調をきたして働くことが難しかったため、離婚を願うも断念します。

夫は健康であり、自分のほうが先に死ぬかもしれないと思っていましたが、思いがけず夫が他界します。すると、義父母との今後が頭をよぎりました。

過去に夫のことを相談した際、寄り添ってもらえないどころか激しく非難されたKさん。しかも「嫁だから」と、当然のようにさまざまな用事を言いつけられてきました。

これを機に、義父母との縁も切ろうとKさんは「死後離婚」を決意します。義父母からはなじられましたが、残された人生を悔いなく生きたいと思い、決行しました。

死後離婚後、Kさんは夫との嫌な思い出の染みついた家から転居し、相続した遺産と遺族年金で暮らし始めました。約40年続いた苦しみから解放され、心安まる生活を得ることができたKさん。「死後離婚」という選択に悔いはないと言います。

「死後離婚」の手続き自体は簡単です。ただし、姻族関係終了届を提出すると撤回することができないため、自分にとって必要な選択かを熟考した上で判断しましょう。

◎相談窓口・支援制度一覧

（網掛け）※離婚成立後利用可能

相談窓口	男女共同参画センター	夫婦関係、就労等の様々な相談に対応 HP 内閣府／https://www.gender.go.jp/policy/no_violence/e-vaw/soudankikan/06.html
	配偶者暴力 相談支援センター	DV相談
	警察署	暴力があった時の緊急時に相談
	法テラス	無料で3回まで弁護士等に相談できる制度、及び、弁護士等費用の立て替えを受けることのできる民事扶助制度（※利用条件有） HP https://www.houterasu.or.jp/
	ハローワーク	求職・転職相談、就労支援 HP 厚生労働省／https://www.mhlw.go.jp/kyujin/hwmap.html
	マザーズ ハローワーク	子育中の人に特化した求職・転職相談、就労支援 HP 厚生労働省／https://www.mhlw.go.jp/stf/newpage_21046.html
	母子家庭等就業 自立支援センター	ひとり親のための相談窓口。離婚するかどうか迷っている方も相談可 HP 厚生労働省／https://www.mhlw.go.jp/bunya/koyoukintou/pamphlet/dl/24a.pdf
	福祉事務所	生活保護に関する相談
支援制度	子育て援助活動支援事業 （ファミリー・サポート・センター事業）	子どもの預かり、学校や習い事の送迎などのサポートを、理由に制限なく廉価で利用可能 HP 厚生労働省／https://www.mhlw.go.jp/bunya/koyoukintou/pamphlet/dl/24a.pdf
	児童手当	すべての家庭対象の子育てのための支援金
	児童扶養手当	ひとり親家庭対象の子育て支援金
	母子家庭等医療費助成金（※）	ひとり親家庭対象の医療費の助成
	母子及び父子 並びに寡婦福祉資金（※）	ひとり親家庭対象の就学資金の貸付
	JR通勤定期乗車の割引（※）	児童扶養手当受給世帯が対象
	高等職業訓練促進給付金 高等職業訓練住宅助成金 高等職業訓練終了支援給付金（※）	ひとり親の資格取得のための教育資金の給付・助成
	家庭生活支援員（※）	ひとり親世帯の掃除や食事準備、乳幼児の保育などを行う支援員の派遣
	公営住宅	低家賃での住居の貸与
	居住支援法人	民間賃貸住宅を借りる際のサポート

おわりに

夫との悩みを周囲に理解してもらえず、ひとり苦しんだ経験から、カサンドラ症候群の方々を支援する活動を開始して10年。悩みをわかち合い、発達障害についての正しい知識を共有できる場をつくろうと、数多くのカサンドラの悩みに耳を傾けてきました。

お話を聞いたカサンドラたちは、本来は安らぎの場であるはずの家庭で、慢性的なストレス状態にありました。多くは離婚を考えておらず、夫婦間、もしくは夫と子どもとの間で生じる課題を解決するにはどうしたらよいのでしょうかと訴えます。

なかには、夫の言動が発達障害に起因するのではないかと感じて、発達障害特性を持つ人との関わり方を学び、夫に対して実践する人もいます。そうした知識は、特性のあるなしにかかわらず良好な関係づくりに有効と言われているので、家庭環境の改善に役立つケースもあるでしょう。しかし、なかなか改善が見られず、どうしたものかと途方に暮れている人も多いのです。

なぜ改善されないのか。

カサンドラの夫の多くは、社会生活を送る上で困難を感じておらず、自分に発達障害の特性があると認識していないように見受けられます。そうした夫が家族の課題に向き合おうとしないケースは、少なくありません。この場合、妻側の努力だけでは解決が難しいでしょう。

それでも、家庭を壊したくないと、身体的、精神的症状が出ているにもかかわらず、ひとり頑張り続け、燃え尽きてしまいそうなカサンドラのなんと多いことか。

改善されない原因を発達障害特性に求めるよりも、夫婦で課題に向き合えない点に着目すべきです。安らぎの場をつくる責任はふたりにあるのです。

人は幸せになるために生まれてきたのです。家庭を維持しようという努力は、あなたに幸せをもたらすのでしょうか。自己犠牲は美徳ではありません。「妻」や「母」という役割や他者の目を重視するあまり、あなた自身の幸せを見失っていませんか。

結婚、非婚、事実婚、別居、離婚、再婚など、ライフスタイルは多様であっていい。それぞれの選択を人生の目的であったり、ネガティブなものとして捉える社会ではなく、幸せになるための手段の1つと捉える社会であってほしい。

人生は一度きり。あなたが幸せである人生への船出の実現を心より願っています。

著者略歴
真行結子（しんぎょう ゆいこ）
カサンドラ当事者とその家族への支援組織「フルリール」の活動を通じ、4000人以上のカサンドラおよび発達障害特性のある方の肉声に耳を傾け、1000人におよぶクライエントの相談に対応。アダルトチルドレン、HSPに関するカウンセリングも行っている。著書に『私の夫は発達障害？』（すばる舎）がある。

URL：https://fleurir-room.com/

イラスト：ながせこなみ

カサンドラ症候群でつらい人のための
気持ちが楽になる別れ方

2024年10月23日第1刷

著　者　　真行結子

発行人　　山田有司

発行所　　株式会社　彩図社
東京都豊島区南大塚3-24-4
MTビル　〒170-0005
TEL：03-5985-8213　FAX：03-5985-8224

印刷所　　シナノ印刷株式会社

URL：https://www.saiz.co.jp　https://x.com/saiz_sha

ISBN978-4-8013-0743-8 C0037